BERICHT UIT BERLIJN

Eerste druk februari 2012
Tweede druk maart 2012
Derde druk april 2012
Vierde druk juli 2012
Vijfde druk september 2012
Zesde druk september 2012
Zevende druk april 2013
Achtste druk februari 2014
Negende druk april 2015

© Copyright 2012 OTTO DE KAT
Niets uit deze uitgave mag worden verveelvoudigd en/of openbaar gemaakt, op welke wijze ook, zonder voorafgaande schriftelijke toestemming van de uitgever.

Otto de Kat

Bericht uit Berlijn

Uitgeverij Van Oorschot
Amsterdam

Opgedragen aan mijn broer

I

De afdaling van de Lauberhorn naar het dorp had Oscar zo vaak gemaakt dat hij het hele stuk blind kon afleggen. Halverwege stopte hij en bond zijn ski's af bij Hotel Jungfrau, stak ze rechtop in de sneeuw en hing z'n stokken eraan. Het houten terras lag langs de wandelroute naar Kleine Scheidegg, blik richting Jungfrau, een eeuwig besneeuwd massief, een rug om achter te schuilen in tijden van dreiging. Ooit had Lord Byron het hotel bezocht, waarschijnlijk aangetrokken door de naam Jungfrau, en waar híj kwam, volgden toeristen. Het gebied werd ontdekt, de Engelsen vonden er de wintersport uit, er kwamen kerken en hotels, skiliften en restaurants. En, typisch voor de Britten, ze hadden natuurlijk een club opgericht: DHO – Down Hill Only. Dat leken ze inderdaad te gaan, overal brokkelde hun rijk af, hun hoofdstad was gebarricadeerd, hun koloniën waren ingesloten.

Oscar was op een lange houten bank gaan zitten, een tafel met linnen kleed voor zich. Hij keek naar de overkant. Half vier, de zon was nog warm, de bergen leken hoger en witter tegen een wolkenloze hemel. Eiger, Mönch en Jungfrau, de bergen die hij zo goed kende, hun namen klonken in zijn hoofd als een springtouwversje. Hoeveel winters was hij daar niet geweest met Kate en Emma, zelfs vorig jaar, in 1940 nota bene, een raadsel eigenlijk dat dat gelukt was. Emma en Carl waren uit Duitsland gekomen, Kate uit Londen, hij uit Bern, er werd nog gevlogen door een wachtend Europa, er reden treinen, de Zwitsers heetten iedereen welkom. Na de overval op Polen was er geen schot meer gevallen, maar de partijen stonden klaar, tot de tanden bewapend. Langs elke linie gold een stil alarm. De oorlog was verklaard, maar hoe te beginnen, waar aan te grijpen.

In de verte zag hij een formatie vliegtuigen. Ze bewogen zonder geluid, verloren in het blauw. De Jungfrau weerkaatste alleen maar stilte. Iedere stem was een indringer en als vanzelf sprak men gedempt, met een vreemde eerbied voor wat zich daar uitstrekte: een ondoorgrondelijke sneeuwvlakte, handlanger van de eeuwigheid.

De winter was schitterend, maar veel skiërs en wandelaars waren er niet. Op het terras zaten wat Zwitsers, een enkele Italiaan. Twee tafels naast hem zag hij een vrouw op een bank. Ze leunde met haar hoofd tegen de muur van het hotel. Ze moest daar zijn gaan zitten terwijl hij met de ober praatte. Oscar dacht niet dat hij haar gezien had bij het uitdoen van zijn ski's. Sliep ze een beetje? Ze zat doodstil, alsof ze er niet bij hoorde. Ze droeg een muts van zachtgrijs bont en had een roodwit geblokte trui aan. Op het moment dat hij z'n hoofd wilde terugdraaien – hij had haar onbeleefd lang bestudeerd – nam zij een verrekijker uit een tas naast haar en richtte die op de Jungfrau. Onwillekeurig keek Oscar mee naar boven. Hij kon niets ontdekken wat anders was dan anders. De vrouw tuurde onafgebroken door de kijker, af en toe streek ze wat haar achter een oor, half onder haar bontmuts. Zo kon Oscar iets meer van haar gezicht zien: het was niet van deze wereld, eerder van de wereld daarboven. Haar thee stond onaangeroerd op haar tafel, en de thee die hij gekregen had, schonk hij niet in. Hij wilde zien wat zij zag. Volgde ze een klimmer op weg naar de top, zag ze een bijzondere vogel, zocht ze naar mogelijke lawines? Zij keek omhoog en hij keek met haar mee, en dan weer naar haar.

De ober bracht de *Karottentorte* die hij besteld had en hij rekende af. Nog net hoorde hij de deur naar het hotel in het slot vallen, een moment later zag hij dat ze verdwenen was. De theekop was het enige bewijs dat ze er had gezeten. Hij voelde zich betrapt. Wat een onzin om die vrouw zo te observeren. Haar gezicht, dat ongewone en aantrekkelijke gezicht.

Die nacht ging het onverbiddelijk sneeuwen, het hield niet meer op. 's Ochtends kon er niet geskied worden, de sneeuw viel loodrecht naar beneden, met grote snelheid. Wind was er niet. Door het smalle dorpsstraatje liepen de weinige wandelaars haast op de tast, het licht van de lantaarns hielp niet veel. Oscar was zijn iets hoger gelegen hotel uitgegaan, op weg naar zijn stamcafé, schuin tegenover het kleine station van de tandradbaan. Hij liet zich af en toe glijden, één hand aan het houten hek dat langs de hele lengte van de oefenwei stond. Het leven sneeuwde uit hem vandaan, onthecht was hij en in vervoering tegelijk, overgave en verlatenheid, een vederlichte onrust, een roekeloze neiging alles te vergeten wat hij wist en had gedaan. Sneeuwval zoals hij nooit had meegemaakt, het zou niet lang meer duren voor het treintje in de remise bleef in Lauterbrunnen en het dorp was afgesloten. Hij hoopte erop. Barricades van sneeuw, metershoge wallen om hen heen. Niemand erin of eruit. De buitenwereld was een begrip uit een boek, niet echt, ver weg, een fantoom, een onmogelijkheid. Hier wilde hij blijven, in de sneeuw, in de ondoordringbare leegte van een verborgen dorp. Bij elke stap die hij deed, zonk hij dieper weg dan bij de vorige, in een langzame euforie zonder richting. Toch vonden Oscars voeten moeiteloos de weg naar zijn café.

Het was er ongewoon druk, de meeste tafels waren bezet. Hij aarzelde om de tochtdeur achter zich dicht te doen of weer terug te gaan, de sneeuw in. Direct naast de deur was een hoektafeltje, je zag het gemakkelijk over het hoofd, met nog één stoel vrij.

Ze legde de krant neer waar ze vrijwel achter verdwenen was en gebaarde naar de onbezette stoel. Hij herkende haar onmiddellijk, ook al had hij haar eerder uitsluitend van opzij gezien.

'Niet echt weer voor een verrekijker,' zei hij.

'U skiet goed voor een buitenlander.'

Hoe wist zij dat hij een buitenlander was? Het viel hem op dat zij een ouderwets, verzorgd soort Duits sprak.

'Ik zag u aankomen gisteren, vanuit mijn raam.'

Ze logeerde dus in Hotel Jungfrau.

Zij had hem eerder opgemerkt dan hij haar. Onbeduidend detail, gevolgen onoverzienbaar. De kleinste impuls kan een lawine van gebeurtenissen in gang zetten. Ze had haar boek weggelegd, haar verrekijker gepakt, haar zonnebril, had de gang, de trap naar beneden genomen, een ober gevraagd thee te brengen. Zon. Het oneindig uitzicht, de naar zich toegetrokken bergen in haar kijker. Opzij zat hij, haar oog was niet op hem gericht geweest.

Oscars gedachten gingen slordig op een rij staan. Nog verdwaasd van de tocht en de vrouw naast hem bestelde hij koffie.

'Zal nog niet eenvoudig worden om uw hotel terug te vinden,' zei hij toen zij aanstalten maakte weer de krant te gaan lezen.

'Halverwege hierheen realiseerde ik me dat ook.' Ze zei het rustig, legde haar krant opnieuw neer en keek naar buiten. 'Maar ik kon niet stoppen, wilde niet omdraaien. Je bewustzijn vernauwt zich, je wil alleen maar verder, je hoofd is licht, je verstand verdwijnt. Er is de stilte die je hoort, en het geknerp van je eigen schoenen.'

Oscar luisterde naar haar stem, niet naar wat ze vertelde. Hoorde wat allang vergeten was, of verdrongen. Hij herkende iets heel ouds, iets wat hem ooit vervoerd had, een meisje dat hem had meegesleept en nooit meer thuis had afgeleverd. Zestien was hij geweest en hij had haar wonderbaarlijk liefgehad. Hij had het niemand verteld, zelfs aan zijn broer Dick niet, zijn broer die zijn enige vriend was. En ook haar niet. Hij had bij God niet geweten hoe hij moest zeggen dat hij haar liefhad. Liefhebben, hij had een soort onherstelbare verschuiving in zichzelf gevoeld, hij was de jongen niet meer van daarvoor. Hij was geheimzinnig verwijderd geraakt van alles wat kort tevoren nog doodnormaal was.

Dat had hij haar toch niet kunnen uitleggen. Hij had haar naam verborgen, en niet meer genoemd, bang om haar te verliezen, wat prompt gebeurd was. Vreemd, hoe liefde je ook kan ontheemden, uithollen, alles leeg en onbelangrijk kan maken.

De vrouw tegenover hem keek hem aan. Voor het eerst zag hij haar ogen. Even maar, want de ober bracht zijn koffie, mensen drongen tegen zijn stoel aan. Welkome afleiding. Haar ogen waren als haar stem, ze dreven hem in het nauw, hij kende ze van vroeger, van een eeuwigheid terug: ijs op de bodem van zijn herinnering, spiegelglad en krakend. Met zachte voeten over de eerste vorst van de nacht, over een dun bevroren vijver met treurwilgen langs de kant. De omhelzing van het meisje, op weg naar school. Van voorbijgaande aard was het geweest, van een geluk dat later werd omgestookt tot een verhaal. Nee, niet in het nauw gebracht voelde hij zich, het ging om iets anders, het was geen gevoel van spijt of verlangen. Haar gezicht en haar ogen hielden hem vast op z'n plaats, hij kon niet weg, mocht hij dat al van plan zijn.

Naast hen werd gelachen, de deur ging regelmatig open en dicht, besneeuwde jassen hingen overal uit te druipen. Café Eiger was het middelpunt, daar verzamelden zich de manmoedigen die zich buiten hadden gewaagd. Soep, koffie, chocolademelk, *Schnaps*, taart, de obers droegen hun dienbladen opgewekt voor zich uit. Er heerste een vastberaden feeststemming, niemand dacht aan teruggaan. Oscar wees door het raam naar de sneeuwval en vroeg of hij nog iets voor haar mocht bestellen. Dat mocht. De hoek waar ze zaten was voor de bediening bijna onzichtbaar. Hij stak de krant die zij las met leesstok en al schuin omhoog om de aandacht te trekken van een ober. Ze keek hem onderzoekend aan, vooral omdat zij die stok ook vasthield en hij daar kennelijk geen ogenblik door in verwarring was. Alsof ze samen de vlag uitstaken, zo zaten ze daar. Totdat zij zich kennelijk realiseerde dat hij met haar hand de ober aan het roepen was, en prompt de stok losliet. De krant boog, de vlag werd gestreken, Oscar legde het geval voor hen op tafel, en lachte.

'Mijn excuses voor het lenen van uw hand, die ik trouwens liever zou lezen dan de krant.' Sinds Kate had hij nooit meer iemand het hof gemaakt. Nu kwamen de woorden vanzelf, zorgeloos, vrolijk, vrij en met de hoopvolle echo erin van een ingesneeuwd dorp hoog in de bergen.

'Vindt u zichzelf een zigeuner? Handlezen is een hele kunst, hoor – en die van mij zeker.'

Ze toonde hem de binnenkant van haar hand. Een

gebaar alsof zij zich uitkleedde, niet bang om gezien te worden. Heel voorzichtig trok hij een streep, volgde een diepe lijn over het midden van haar handpalm.

'Intens geleefd, liefgehad, verlies geleden, ziek geweest, overwinterd en opnieuw begonnen,' zei hij met de stem van een waarzegger op de kermis.

Haar ogen hield ze even gesloten, de aanraking van zijn vinger over haar hand drong misschien tot haar door.

'U bent aardig op de hoogte, man-van-het-terrras. Vooral dat "opnieuw begonnen" bevalt me.' Ineens keek ze hem alert aan.

'Vrouw-met-de-verrekijker, mijn naam is Oscar Verschuur, mag ik de uwe weten?'

Eén seconde aarzelde ze, hij voelde het. Haar naam en ze was achterhaalbaar, haar naam en ze leverde zich uit, haar naam en het zou beginnen. Vrouw met de verrekijker, man van het terras, waarom niet gestopt, waarom niet omgedraaid en de sneeuw weer ingegaan. Nu kon het nog. Nog naamloos, nog ongekend en onbenoemd en zonder spoor. Voetstappen zouden verdwijnen, de wind wiste alles uit.

Maar ze aarzelde niet lang. Opnieuw begonnen als ze was, noemde ze haar naam. Al zei ze eerst: 'Als u zoveel van me weet, zult u mijn naam ook wel kennen.'

'Zodra ik hem hoor, weet ik of ik hem ken,' zei Oscar nog steeds op kermistoon, en hij trok een sjaal over zijn hoofd. Ze kon haar lachen niet inhouden nu hij er uitzag als een oud vrouwtje.

'Oscar Verschuur, mijn naam is Lara van Oosten.'

Hij keek verbijsterd: 'Je bent Nederlands!' Alsof het om een belediging ging.

'Ja, erg hè.'

Vertrouwelijkheid nam met sprongen toe, ze hoorde niet dat hij haar tutoyeerde, hij niet dat hij het deed.

'Maar je spreekt accentloos Duits, terwijl je mijn Duits natuurlijk allang herkend had.'

Ze knikte rustig.

'De ober staat al een tijdje te wachten, Oscar, je had hem met mijn hand geroepen, weet je nog.'

Terwijl de sneeuw bleef vallen en de ramen besloegen, zaten ze daar in een schelp van aandacht, en ondervroegen elkaar in hoog tempo over hun leven, alsof de tijd drong, alsof er verlies dreigde. Laag voor laag, vraag na vraag, het ene verhaal na het andere, in een vreemde storm van openhartigheid, al ontweek Oscar iedere hint naar wat hij in Bern deed, geprogrammeerd als hij was om daarover te zwijgen. Na de koffie de omelet, na de omelet de koffie, de thee, de taart, de wijn, de schemer. Om zes uur stopte het eindelijk met sneeuwen, en kwam de eigenaar zeggen dat het laatste treintje naar Hotel Jungfrau over tien minuten zou vertrekken. Nieuwkomers om hen heen stampten hun schoenen schoon, het café was zelden voller geweest, zelden zinvoller.

Oscar betaalde. 'Ik had een dagkaart moeten nemen.'

Lara stond op: 'Ik ga morgen de hele dag lopen.'

'Mag ik je dan komen ophalen?'

De aarzeling, nog één keer, en dan de bevestiging, de uitnodiging: 'Zou je dat willen?'

Oscar bracht haar naar het station aan de overkant van het café, waar al meer mensen op het perron stonden om naar het hotel te gaan. Sommigen knikten naar Lara. De krantenkiosk was open, de horlogewinkel vlakbij had z'n verlichting nog aan. Nergens, in de verste verte niet, werd gedacht aan de oorlog die zo akelig dicht in de buurt was. Ook Oscar dacht er niet aan, ook Lara niet. Beiden in voorbereiding op hun afscheidsgroet, beiden in een staat van gewichtloosheid. De trein maakte aanstalten, mannen met scheppen stapten van de rails, een conducteur wenkte, de machinist klapte de deur van zijn cabine dicht. Lara keek omhoog en wees naar de helgele maan en de sterren.

'Morgen mooi weer, Oscar. Ingesloten raken we niet, we zullen straks gewoon naar huis moeten.'

Huis? Oscar hoorde het woord, maar er kwam geen klank in. Bern, Berlijn, Londen, zijn huis was hij al tijden kwijt.

2

Kate kwam haar flat binnen aan Barkston Gardens, een schelpvormige zijarm van Earls Court Road. Alleen een vaag ruisen hoorde ze vanuit de drukke hoofdstraat, soms het getoeter van auto's en bussen, het gehuil van een brandweerwagen of een ambulance. Kate vond dat aangenaam. Ze liep door naar haar balkon om uit te kunnen kijken over de met hekken omsloten tuin beneden haar, waar de buurt adem kon halen, en waar alleen de bewoners van Barkston Gardens een sleutel van hadden. De geluiden stoorden haar allerminst. De buitenwereld drong niet echt tot haar door.

Eind mei in Londen, in het oorlogsjaar 1941. Wat er ook gebeurde, de tuinman schoffelde en snoeide, de zon scheen en er zaten vogels in het gras. Kate keek naar de rij huizen schuin tegenover haar, met hun gevels en dakranden leken ze zo weggeplukt van een Amsterdamse gracht. Vanaf haar balkon leek Nederland onder handbereik, maar merkwaardig genoeg miste ze het niet. Ze betrapte zich erop dat ze zelden aan de mensen in haar vaderland dacht, het waren schimmen geworden in hun diplomatenbestaan. Een bestaan dat versplinterd was geraakt de afgelopen jaren. Oscar zat op de ambassade in Bern, Emma woonde getrouwd en wel in Berlijn, en zij werkte in Londen, in een ziekenhuis. Al kwam Oscar af en toe over, ze wilde toch liever niet dat hij het risico nam, de Duitsers schoten op alles wat vloog als het zo uitkwam. Meer nog dan op Oscar en Emma en haar man Carl concentreerde zij zich op haar werk. Nooit eerder had zij het gevoel gekend dat ze nu dagelijks had: dat er op haar gewacht werd. Kate voelde zich wonderlijk licht en wakker, wakker gestoten door de oorlog. Ze was geen verpleegster, verpleegsters waren er genoeg, ze werkte als vrijwilligster in het ziekenhuis. Wat ze deed was niet omschreven en vrijwel onzichtbaar, er kwam geen verband of bloed of thermometer aan te pas. Een voorhoofd verkoelen, een hand vasthouden, een weggegleden deken weer terugleggen, een brief voorlezen. Kleine dingen, maar van waarde voor wie daar lag.

Kate hield ervan om de zalen in te gaan, of de kleinere ziekenkamers waar een of twee mannen lagen. Zij kwam uit de buitenlucht, de straat nog om zich heen, de ochtendkrant onder een arm, op weg naar een wereld die stilstond. Het universum dat ziekenzaal heet, een kleine stad van weggetjes tussen de bedden, in een hiërarchie van ziektes en verwondingen, een laboratorium van gefluister en kreten en gehuil, en af en toe gelach en gepraat. Een onbegrijpelijke wereld van gebaren en codes en naamloos verdriet. De harde hand van de oorlog heerste er, de gevreesde en gehate oorlog, het spook dat iedereen wenste te negeren en dat toch een onweerstaanbare aantrekkingskracht bezat.

Hoe de jonge, zwarte soldaat levend in het Richmond Royal Hospital terecht was gekomen, was raadselachtig. Hij was zwaar gewond overgebracht uit Afrika en niemand had de verwachting dat hij het zou redden. Maar hij herstelde, langzaam, beetje bij beetje. Iedere dag zocht ze hem op, bleef een uurtje bij hem zitten, gaf hem wat te drinken als hij dorst had of schudde zijn kussen op. Kleine dingen, inderdaad. De jongen reageerde bijna uitsluitend met zijn ogen, spreken deed hij nauwelijks. Soms zei hij 'thank you' met een onbekend accent, donker en warm. Meestal knikte hij, of tilde zijn hand even op.

Kate kende zijn naam uit het medisch dossier: Matteous Tunga, soldaat van het zoveelste bataljon infanterie, neergeschoten op weg naar Abessinië. Meegezogen was hij in het moeras van de oorlog, slag hier, slag daar, gewonnen, verloren, verder marcheren, verdrinken en bovenkomen, overvallen door de storm, in het vizier verzeild van een scherpschutter.

Matteous lag in een kamertje apart – toeval, opzet? – en had Kate aangekeken toen zij de eerste keer voorzichtig haar hoofd om de deur stak. Hij deed een paar vingers omhoog, lag doodstil, zei niets, vroeg zonder het te weten alles. Kate deed een stap verder naar binnen, legde haar hand op de deken en noemde haar naam. Ze vroeg of ze wat voor hem kon doen. Geen antwoord, ze zweeg terug. Ze zag de koorts in zijn ogen en aarzelde om op de stoel te gaan zitten die vlak bij zijn bed stond. Het piepkleine hokje was voor zwaargewonden, een opslagplaats van medische hulpstukken leek het wel, waar een bed tussen gepropt was en een stoel. Het geluk bestond uit een raam dat uitkeek op een binnenplaats, althans er waren boomtoppen te zien en daarachter een muur. Het ziekenhuis leek erg op z'n toeleverancier, de kazerne. Efficiënt, sober, rechttoe rechtaan. Alleen van de binnenplaats hadden de Engelsen niet kunnen afblijven. Er was een rozentuin, met bomen, een lange ovale beukenhaag, jasmijnstruiken, klaprozen.

Kate was de eerste keer hooguit vijf minuten gebleven. In die paar minuten had ze hem een glas water gegeven en hem ondersteund bij het drinken. Haar hand in zijn nek, op de rand van zijn stugge, kort krullende haar. Ze voelde de hitte die van hem afsloeg, en rook de ongewone geur van zijn huid. Zo dicht bij een donker iemand was zij nooit geweest. Een gewonde man, een zwarte jongen, duizenden mijlen van huis, frontsoldaat, zomaar hier in Londen, ze had hem willen omarmen als ze had gedurfd.

'Morgen kom ik terug,' zei ze. Hij had zijn ogen dicht maar knikte traag van ja. Kate liet hem achter, de zon viel schuin over het bed. Hoe zwart kan een mens zijn, dacht ze.

Dag in dag uit, week in week uit, maandenlang had ze hem daarna opgezocht, het kamertje was een uur per dag haar tweede huis geworden. Een oefening in zwijgen was het, een overdracht van stiltes. Ze merkte na verloop van tijd dat hij op haar lag te wachten, hij ontspande zodra ze binnen was.

'Matteous,' ze noemde zijn naam en onmiddellijk keek hij opzij naar haar. Helder, met minder koorts in zijn zachte ogen. Hij glimlachte, stak een hand uit, Kate pakte die vast en een poosje bleven ze zo zitten. Dan lachte hij zelfs een beetje, alsof hij vergeten was hoe dat ging, lachen. Ze liet zijn hand weer los, bang om hem in verlegenheid te brengen. Te veel bemoederen wilde ze hem niet, al kwamen al haar oude instincten boven. Eenmaal moeder geweest en je was voor de rest van je leven verloren, verkocht of in de val gelokt, of wat je ook over moedergevoelens dacht. Onder de oppervlakte ligt een reservoir aan ongebruikt talent om lief te hebben – Kate had dat een arts eens horen beweren. Zou kunnen, al leek het haar geen onverdeeld genoegen om zo'n reservoir bij je te dragen. Zeker een man die dat had bedacht, een zoon. Met een wat technische manier van uitdrukken ook. Talent, reservoir, vreemde woorden voor zoiets ongrijpbaars en onbegrijpelijks als liefhebben.

Kate zei meestal nog eens 'Matteous', ze herhaalde zijn naam zo graag. Als reactie legde hij een vuist op z'n borst waar zijn hart was. Kort en snel, zoals een katholiek een kruis slaat.

Het gebrekkige Engels en Frans dat hij door elkaar heen sprak, verstond ze steeds beter. Langzaam waren de woorden op gang gekomen, overgaand in zinnen. En ten slotte spraken ze met elkaar, na weken van vooral gebaren en kijken. Matteous vertelde, Kate luisterde naar zijn iets hese, behoedzame stem, waarmee hij de verschrikkingen die hij uitsprak probeerde toe te dekken. Het kostte hem de grootste moeite zijn zinnen in de juiste volgorde te brengen. Zijn bataljon kwam uit Congo, opgeroepen door de Belgische gouverneur, de baas van het land. Congolees was hij, misschien 23 jaar oud. Het dorp in de buurt van Elisabethville, waar hij was opgegroeid, was een verzameling hutten, het bos eromheen was zijn leermeester. Ze zouden de Italianen uit Abessinië gaan verdrijven, trokken vanuit Léopoldville omhoog naar Soedan en verder. Kate reconstrueerde de tocht uit de brokstukken van zijn verhaal. Maar het deed er eigenlijk niet toe waarheen ze marcheerden of reden, Kate hoefde niet te weten waar ze vochten en sliepen. Ze vroeg het niet, en wat hij vertelde, leek maar heel weinig op een verslag. Zijn reis van Afrika naar Engeland: in vliegtuigen met matrassen op de bodem, verdoofd van pijn, versjouwd op brancards, overgeladen, mannen in uniformen die hem een keer in de brandende zon legden, in afwachting van vervoer.

'They can bear that,' had een van hen gezegd. *They*, zij, de anderen, zwart, ze konden zo goed tegen de zon. In zijn hoofd vol koorts was dat zinnetje vastgegroeid.

Hij had een Belgische officier het leven gered en was daarbij zelf zwaar gewond geraakt. De officier wilde hem coûte que coûte naar Londen vervoerd hebben om op zijn beurt hém te redden. Hij wist niet wie of waar die Belg was, maar intussen lag hij daar in het ziekenhuis nu al een eeuwigheid, en hij wilde weg, terug, al wist hij niet waarheen. Kate hoorde hem aan en beloofde er de volgende dag weer te zijn.

Dagenlang hield Matteous' verhaal aan, iedere dag opnieuw begon zijn tocht vanuit Léopoldville, de rivier langs, op weg naar Abessinië om de Italiaan, wie dat ook was, eruit te gooien. Duizend mijl, had ze ontdekt, was die eindeloze rivier de Congo.

'*Snipers*, Miss Kate, in de bomen.' Ze hadden de officier vanuit een hinderlaag neergeschoten, waar het gebeurd was kon hij zich niet meer herinneren. Hij had hem net op tijd weten weg te halen, en was daarbij zelf in de rug geschoten, en in zijn voet. Vreemd, hè, Miss, dat hij nog honderd meter had kunnen doorlopen, hij had de kogels voelen inslaan, maar pijn had hij niet op dat moment.

Matteous vertelde in simpele woorden, met lange pauzes ertussen. Soms sliep hij in, en liet ze hem slapend achter. Regen tegen het raam, storm, zon, maart, april, mei, van winter naar voorjaar, de jongen was er doorheen gekomen met Kate in zijn spoor. Miss Kate, die hem hielp verhuizen naar de grote zaal toen hij daar sterk genoeg voor was.

Geleund over de balustrade van haar balkon, dacht Kate aan Matteous. Hij zou over twee dagen ontslagen worden uit het Richmond, maar waar moest hij heen?

Ze dacht aan die ene ochtend dat hij een ander verhaal had verteld, veel schokkender dan dat van de oorlog. Hoe, lang geleden, zijn dorp was overvallen, zijn vader met een bijl was omgebracht en zijn moeder meegesleurd. Hoe hijzelf het bos was ingevlucht. Matteous had geluidloos gehuild, hij hield haar bij haar arm, schudde er zachtjes aan. Het duurde maar kort, een stormvlaag over zijn gezicht, een paar zinnen lang. Daarna had hij er niet meer over gesproken.

Londen lag al maanden onder vuur. Op de meest onverwachte momenten vlogen Duitse bommenwerpers over het centrum, al was het nu al twee weken rustig geweest. Het luchtalarm was stil, onbehagelijk stil bijna, ze was min of meer geprogrammeerd op sirenes. Barkston Gardens was tot nu toe niet geraakt. Haar buurt was kennelijk te onaantrekkelijk voor bommen. Geen industrie, geen departementen, geen haven, geen grote gebouwen. Ze leefden er als in een dorp. Een paar restaurants en cafés, wat winkels, een school, tuintjes, een apotheek, een kerk. Kinderen speelden op straat, hoe vreemd, in het oog van de orkaan. En hoe superieur eigenlijk. De dagelijkse routine werd alleen onderbroken door het luchtalarm. En door de verplichte verduistering.

Zou ze hem in huis nemen? Haar gevoel wilde graag, haar hersens wezen het af. Matteous zou wel teruggaan naar Congo, al kon ze zich niet voorstellen wat hij daar kon en moest. Het uur met hem samen iedere dag, de voorzichtige toenadering en de worsteling om wat woorden, de geluiden vanuit de zaal en soms het geroep en gelach dat weergalmde in de binnentuin. Een onbekende verwantschap met een vreemdeling. Aan Oscar of Emma kon ze het niet vertellen, daar had ze ook geen behoefte aan, ze zouden het niet begrijpen. Oscar en Emma kwamen uit een andere wereld.

Ze zou een etage voor hem huren, vlakbij, net ver genoeg.

Een zwarte rots in een branding van bedden. Ze zag hem direct toen ze de deur opendeed van de enorme ziekenzaal waar hij de laatste weken had gebivakkeerd. Een bivak was het inderdaad, een schuttersput, hij had zich ingegraven en gebarricadeerd. Nu stond Matteous klaar in een oud en versleten uniform. Bijna niemand zei iets tegen hem, en hij was al net zo stil. Een paar verpleegsters hielpen hem, neutraal, soms hartelijk. Hij keek naar ze alsof hij wonderen voorbij zag drijven. Wolken over een slagveld.

In de deuropening zwaaide Kate naar hem. Hij kwam in beweging, traag als een oude man. De mannen op de bedden waar hij tussendoor liep, knikten, één stak een hand op, alles in volkomen zwijgen. Het saluut aan een soldaat, een kleine parade afgenomen door een legertje patiënten, uit alle windrichtingen binnengebracht, verbonden en gespalkt en opgelapt. Matteous, soldaat, dwars door Afrika getrokken, en nooit meer dezelfde.

Dwars door de zaal geschoven, naar de deur toe waar Kate stond. Ze nam zijn bagage over, een kleine koffer van riet. Een biezen mandje. Hij draaide zich nog een keer om, beschaamd bijna, verlegen in ieder geval. Het leek alsof hij vluchtte voor een vijand die al was uitgeschakeld. Hij bracht zijn hand aan een denkbeeldige pet, en verdween door de deur die Kate openhield.

Op weg naar de uitgang stonden ze stil op de binnenplaats waar zijn raam op had uitgekeken en de stemmen van verpleegsters hadden geklonken. Hij rook de jasmijn waarover Kate hem verteld had, de hagen en bloemen, geuren van een continent verderop.

Ze leidde hem rustig voorbij de tuin, de ontvangsthal door, naar buiten. Ze wandelden naar de bus die Kate altijd nam naar het centrum. Ze merkte dat Matteous nog half sliep, of liever dat hij droomde. Zijn bewegingen waren aarzelend, alles aan hem was sprakeloos. Ze besefte dat hij een stad als deze niet kende. Dat het gemak waarmee zij door de straten liep hem vreemd voorkwam.

Kate had een kamer voor hem gehuurd, aan Earls Court Road, tien minuten van haar huis. Nu moest ze dat nog aan Matteous vertellen. Ze was er niet zeker van of hij het plezierig zou vinden. Ze zei het hem toen ze naast elkaar in de bus zaten. Begreep hij het, verstond hij het? Hij keek roerloos uit het raam, ongeloof in zijn ogen over de stad waar hij in terecht was gekomen. Hij had wel eens over Elisabethville gesproken, maar dat was in haar idee toch meer een groot dorp geweest.

Ze voelde zijn hulpeloosheid, en herhaalde wat ze had gezegd. Als antwoord legde hij zijn vuist kort op zijn hart, en keek opnieuw het raam uit. De busroute was niet bepaald om vrolijk van te worden. In het Richmond Royal Hospital was de wereld overzichtelijk en geregeld. Maar daarbuiten was alom verwoesting. Het mirakel van de busroute, Kate bedacht het zich iedere dag. Ondanks alle ontwrichting en gevaren week de busmaatschappij geen duimbreed. Gereden moest er worden, en gereden werd er. Soms waren er haltes weggebombardeerd, remises ingestort, wegen onbegaanbaar, maar ergens, in de hut van een tovenaar, werden nieuwe routes berekend, nieuwe haltes georganiseerd, werden kapotte bussen vervangen.

Ze reden steeds verder het centrum in, de drukte nam toe en Matteous keek niet langer naar buiten. Hij zei iets wat Kate niet verstond. Het was vermoedelijk ook niet voor haar bestemd. Het klonk als een bezwering, als een kort gebed misschien, in een onbekende taal, de taal van zijn ouders. De andere passagiers keken naar hen, en vooral naar hem. Paradijsvogel uit overzeese gebieden, soldaat met koffer, aangespoeld. Kate hielp hem met uitstappen omdat zijn voet nog niet goed meedeed. Toen ze achter hem de trap naar zijn huurkamer opliep, zag ze hoe slecht hij die voet eigenlijk kon bewegen. Op straat had hij het nog kunnen camoufleren. Van terugkeer naar het leger zou voorlopig wel geen sprake zijn, stelde ze heimelijk tevreden vast.

De kamer met keuken en bed erin was niet veel groter dan zijn kamertje in het ziekenhuis. Matteous zette zijn koffer op het bed en bleef voor het raam staan. Kate keek tegen zijn rug aan, achter zich hoorde ze het gesuis van een geiser. Zijn rug, het raam, het verkeer, het versleten kleed op de grond, de weemoed van daar te staan. Van zover gekomen. Zij uit een leven tussen gewiekste diplomaten en belezen volk, hij uit de rauwe binnenlanden van Congo.

'Waarom?' vroeg hij.

Nu was het Kate die niets terugzei. Het was een vraag die ze niet kon beantwoorden, omdat ze zelf ook zocht naar een verklaring. Waarom deed ze al maanden de moeite hem op te zoeken, naar hem te luisteren, hem af te halen, een kamer voor hem te huren. Van alle soldaten die ze in het ziekenhuis bijstond was het Matteous die haar zo diep had geraakt. Een gedroomde zoon, iemand die haar nodig had, een verloren kind, een jongen die zijn hand uitstak? Er was geen verklaring, iedere uitleg was overbodig, wilde ze geloven. Kate keek langs Matteous naar buiten, regen sloeg plotseling tegen het raam en zijn vraag verdween in het gekletter op de ruit.

3

Oscar droeg een donkergrijze jas, een donkergrijze hoed, en een donkergrijze broek, waar zijn camelkleurige schoenen flink bij uit de toon vielen.

Hij liep tamelijk gehaast onder de arcades van de Gerechtigkeitsgasse. Zeven uur 's avonds, de stad was bijna uitgestorven. Volgens het boekje moest de zon schijnen, maar het regende en de toeristen hielden zich schuil, zo ze er al waren. Oscar hoorde de gedempte echo van zijn voetstappen, prettig om naar te luisteren, door je eigen kleine geluidsbarrière heen. Terwijl hij het opmerkte, verminderde hij de snelheid van zijn passen, de haast ebde weg. De winkelgalerijen schoven aan hem voorbij. Hij keek er niet naar, zag niets en niemand.

Oscar Verschuur, 56 jaar oud, was op weg naar de eerste secretaris van het Zweedse gezantschap. Het was 2 juni 1941 en het regende in Bern, hoofdstad van zon en sneeuw en alpenweiden vol bloemen. Welkom in het hart van Europa, welkom in een oase van rust en recht. *Willkommen*, mijn God, het Duits dat hij niet meer kon verdragen, stond op borden en ruiten.

Hij wist wie er zouden zijn. David Kelly, de Britse ambassadeur. De Portugese militaire attaché Pinto. Horst Feller, een Zwitserse diplomaat. De Amerikaanse zaakgelastigde Walter Irving. De Turkse gezant Ismet Fahri. En de Amerikaanse journalist Howard Smith, net over uit Berlijn. Het was een diner waarbij men zich niet hield aan het protocol. Ambassadeurs mengen met lagere diplomaten gold als ongebruikelijk. En een journalist erbij hield altijd een risico in. Normaal gesproken allerminst boven aan het lijstje van een ambassade, risico's. Maar niet daar, en niet toen. Tijdens de weken van toenemende dreiging in een toch al dreigende en ontaarde tijd kwam alles in een nieuw licht te staan.

Verschuur kende sinds kort de datum. Er was niet lang meer te gaan. 22 juni, iets minder dan drie weken. Maar hij wist dat hij deze wetenschap moest verzwijgen, hij zat klem. Een geheim bewaren kon hij als geen ander, het was zijn tweede natuur geworden. Hij hield ervan, leefde ervan. Het was zijn werk, hij was aangesteld om wat verborgen was te weten te komen, en om wat onterecht openbaar was, weer terug te krijgen in de schaduw. Hij was een beroepsverduisteraar. Diplomaat, toegevoegd aan het Nederlandse gezantschap met een speciale opdracht.

Maar dit geheim was anders. In een onbewaakt ogenblik was hij uit zijn baan geslingerd, aangeraakt door een bericht waar hij zijn oren niet voor kon sluiten en waar hij niettemin z'n mond over moest houden. De dimensies ervan waren onmeetbaar groot en angstaanjagend. Drie weken nog en het was onmogelijk om er wat dan ook over te zeggen. Toch moest hij eigenlijk waarschuwen, alarm slaan, ministers bellen, de boel wakker schudden, moord en brand schreeuwen.

Oscar stak de Junkerngasse over, liep de Kreuzgasse in, de kathedraal langs, de helling af naar Schifflaube 52. Een dienstmeisje deed open en nam zijn jas en hoed aan. Hij was laat, eigenlijk te laat volgens de regels van de diplomatie, want de ambassadeurs waren er al. Maar niet deze avond, niet nu. Er waren geen regels, niemand was in functie, het leek meer op een samenzwering. Verschuur besefte hoe uitzonderlijk het was wat hij zag. Een Britse ambassadeur aan een klein tafeltje in gesprek met een Zwitsers diplomaat, karaf witte wijn tussen hen in. Een Turkse gezant met de hand op de schouder van een Amerikaan, een Zweed die een Duitse krant liet zien aan een Portugees. De stemmig verlichte kamer vormde het toneel voor een wajangspel waarin Verschuur de ontbrekende schakel was en dat door zijn komst compleet werd. Niet gehoorde muziek speelde door zijn hoofd, de stemmen, de gebaren om hem heen, een alfabet van dingen die gebeurden. Hij merkte hoe iedereen even opkeek, zag hoe de een glimlachte, een ander de hand opstak, de Zweed naar hem toe kwam om hem welkom te heten, *Välkomna. Welcome, Willkommen.* Verdomme.

Björn Henderson wees op zijn schoenen.

'Goed dat mijn baas in de bergen zit, Oscar.' Zweden wenste tot in zijn schoendracht neutraal te blijven. 'Bij zo'n kleur zou hij z'n zonnebril opzetten en de lampen lager draaien – goeie genade.'

'Ik wist dat hij er niet bij zou zijn, Björn – ik had anders m'n begrafenisschoenen aangetrokken.' Wat beter bij zijn stemming gepast had, bedacht hij zich.

Henderson en hij lagen elkaar, ze waren even oud en beiden tegendraads. En dus voor hen geen gezantschap of hoge functie. Oscar voelde daar bepaald geen spijt of wrok over. Hij moest niet dénken aan zo'n post. Als een pakezel beladen met instructies en onhaalbare voorstellen langs oersaaie diners en vruchteloze audiënties, brr. Overigens waren er wel degelijk enkele alerte en flinke mannen onder de diplomaten die hij kende.

Oscar had het vermogen om overal waar hij kwam de reglementen van Buitenlandse Zaken te omzeilen. Of te overtreden, of weg te lachen. Hij werd niet geacht zich meer dan strikt noodzakelijk op te houden in het gezelschap van ambassadeurs en ministers. Maar merkwaardig genoeg stoorde nooit iemand in die kringen zich aan zijn aanwezigheid, of aan zijn lagere, althans onduidelijke, rang. Hij had min of meer zijn eigen positie veroverd, niemand wist hoe of wanneer, maar op een gegeven moment was het een feit. Hij was een diplomatieke vrijbuiter, Buitenlandse Zaken detacheerde hem overal waar het ingewikkeld en lastig was voor gewone ambtenaren. Diplomaat met bijzondere opdracht, toegevoegd, iemand met een passe-partout. Hij kende iedereen, maar bijna niemand kende hem. Op zijn kaartje stond: Dr. O.M. Verschuur, Foreign Affairs, Kingdom of the Netherlands. Kaler kon niet. Oscar Martinus Verschuur, gepromoveerd op de Engelse Zoeloe-oorlog in Zuid-Afrika, de slag bij Isandlwana en Rorke's Drift, 22 januari 1879. Summa cum laude. Apart onderwerp, briljant beschreven en geanalyseerd. Beetje excentriek, een beetje bezijden de bestaande historische belangstelling. Hij had het in het Engels geschreven, was eropuit getrokken, had de zestigers gesproken die de slag hadden meegemaakt, een proefschrift als een roman was het geworden. Zijn stelling was dat de verloren slag bij Isandlwana het begin van het einde van het British Empire had ingeluid. *Here they come, as thick as grass and as black as thunder*, had een Engelse soldaat geroepen. Verschuur citeerde het bij zijn promotie, de zaal was doodstil toen hij de woorden uitsprak. Kate had naar hem gekeken vanaf de eerste rij, ernstig en gespannen.

Nu zag hij ze overal om zich heen, de Duitse legers, *thick as grass* en *black as thunder*. Zwart en ondoordringbaar, nu meer dan ooit opgetuigd voor het inferno, wachtend op het uur U.

'Operatie Barbarossa, papá, 22 juni, ze vallen Rusland binnen, Carl heeft de order gezien!' Emma had het hem in drie, vier zinnen verteld, of liever toegesist, gejaagd, geschokt, ontredderd.

'Ze vallen Rusland binnen, het is definitief, zegt Carl!'

Carl Bielenberg, zijn schoonzoon, werkte op het ministerie van Buitenlandse Zaken in Berlijn, de enige plek waar het verzet tegen Hitler en Ribbentrop nog hier en daar standhield.

Oscar was in de jaren dertig aan de ambassade in Berlijn verbonden geweest. Kate en hij woonden in de Fasanenstrasse, het waren de gelukkigste jaren van hun huwelijk, midden in een opkomende zee van geweld en verraad. Emma had Carl ontmoet op een diner bij hen thuis. Oscar had het zien gebeuren die avond, Kate was zeer bezorgd geweest, maar Emma en Carl leefden als nooit tevoren, in volstrekte harmonie. In het tumult van Berlijn.

Vijf dagen geleden waren Emma en Carl onverwachts in Genève geweest. Dienstreis met de baas van Carl, Adam von Trott, een uitzonderlijke missie waar Emma bij mocht zijn als secretaresse, de truc die ze al een keer eerder met succes hadden uitgevoerd. Emma had haar vader vanaf hun hotel opgebeld en Oscar was direct met de trein uit Bern naar ze toe gegaan en had hen onopvallend ontmoet. Tenminste dat dacht hij, maar was dat wel waar? Nergens waren zo veel Duitse agenten als in Zwitserland. Toen Carl even van tafel was gegaan, had ze het hem gemeld. Barbarossa noemden ze het dus, de barbaren.

Ze zwegen toen Carl terugkwam, Emma was over haar moeder begonnen. Maar haar woorden bleven door zijn hoofd denderen.

Op de weg terug naar Bern passeerde de trein Nyon, Rolle, Morges, Lausanne. Naamborden op de stations, namen van paradijzen, de onbegrijpelijke gewoonheid en dagelijksheid van wat hij door zijn treinraam kon waarnemen. Rijden door Zwitserland gaf vaak de sensatie van ziek zijn, vroeger als kind, met de geruststellende straatgeluiden, de roep van een lorrenkoopman, de bel van de schillenboer, die het iets koortsige hoofd een zachte prikkel van veiligheid bezorgden. Maar niet nu. In een trein langs onschuldige stations aan het meer, hooiland dat tegen de bergen opklom, zeilboten op het weerspiegelende water, en Emma's gefluisterde boodschap als een steen op z'n maag. De betekenis was bijna onvatbaar, de wetenschap stilaan afschrikwekkender. De lang verwachte aanval op Rusland kwam er dus werkelijk aan. En hij wist dag en uur.

Operatie Barbarossa, codewoord voor moord ongetwijfeld, en tegelijk een kinderachtig gekoketteer met oude mythen en legendarische helden. Superkitsch als het niet zo echt was. Emma had het bericht niet voor zich kunnen houden, in een paar woorden was het overgedragen aan haar vader die ongetwijfeld zou weten wat hij ermee moest doen. Hij had de angst in haar stem heel goed gehoord, net als het dwingende, onuitgesproken appèl in actie te komen.

In Lausanne was hij uitgestapt, hij wilde weg uit de benauwde coupé, en meer nog uit wat hem benauwde. Thuis had hij die avond geen verplichtingen. Hij daalde af naar het meer, bomen en struiken stonden in bloei, het was de late namiddag van 28 mei, in het tweede jaar van de oorlog. Langs de boulevard was het aangenaam druk, wandelaars, fietsers, zeilers, toeristen. Oscar liep langzaam op de muziek af die hij in de verte hoorde. Op het terras van Hotel Beau Rivage speelde een orkestje Engelse liedjes, nadrukkelijk Engels leek het. Er waren nog een paar tafels vrij. Hij ging zitten, bestelde een glas Dôle en wachtte. Voorjaar aan het Meer van Genève. Alsof de eeuwigheid zojuist was aangeschoven.

Met zijn ogen volgde hij meeuwen die in wijde kringen boven het water cirkelden. Waar kwamen toch overal die meeuwen vandaan, ze hoorden aan de kust te zijn. Even was er de herinnering aan hoe hij als kind brood uit het raam van hun huis wierp, dat de meeuwen met gemak vingen, koprollend door de lucht, hun oranje oogjes op hem gericht.

Zo zat Oscar weggedoken in zijn gedachten aan een keurig gedekt tafeltje niet ver van de musici. Violisten in smoking, pianist in rok, een man met een trombone in een rood pak. Uniformen van de vrede, clownspakjes van het neutrale leven. Hij pakte een krant die iemand op tafel had achtergelaten. *Die Nation*, extra editie. 'Bismarck vernietigd' stond er in kapitalen over de hele voorpagina en, beneden de vouw, veel kleiner: 'Kreta bijna zeker verloren.' Berichten van het front, opgeschreven door een journalist, door loodzetters leesbaar gemaakt, door jongens rondgebracht, en zo achtergelaten op een tafeltje met wit linnen erover, naast een glas wijn, op een zomerse avond. Zulke teksten zwermden de wereld over, en werden gelezen zonder dat iemand ze werkelijk kon doorgronden. Een krantekop van lege letters, bloedeloos en hol: Bismarck vernietigd, Kreta vrijwel zeker verloren. Oscar las de krant, hij wist wat daar geschreven stond, maar doel treffen deed het niet. Alles wat er op datzelfde ogenblik gebeurde, wat zich voltrok om hem heen, was onbevattelijk. Hoe groot was toch het onvermogen om zich te verplaatsen in wat zich buiten je blik bevond. Hij tekende met zijn vork lijntjes op het tafelkleed. Staarde naar de krant, legde de vork weer neer, wenkte een ober en vroeg om de kaart.

'Hedenochtend, kort na het aanbreken van de dag werd de Bismarck ver van alle hulp, door de achtervolgende Britse slagschepen aangevallen,' had Churchill gezegd in het Lagerhuis. 'En zojuist heb ik de boodschap ontvangen dat de Bismarck in de grond is geboord: ...' Applaus, *hear, hear*. Kort na het aanbreken van de dag, dacht Oscar. Het vale ochtendlicht over stormgolven. En dan naar de kelder, met man en muis. Vuur in oor en oog, keel droog van angst en woede. Hoe zou zoiets gaan? Uit de krant viel dat niet op te maken. Geruchten en aangewaaide verhalen waren het. Kreta verloren, gevechten van man tegen man, stond er. De bajonet op het geweer dus, pistool in de hand dus, granaat aan de gordel, mes tussen de tanden misschien wel. Vechten en vallen. In de grond geboord, neergemaaid, verloren en vernietigd. Krantekoppen voor beschaafd pratende en etende mensen aan het Meer van Genève. Kort na het aanbreken van de avond. Muziek!

Verlatenheid bekroop hem, hij besefte weer eens hoe onwrikbaar alles zijn gang ging, hoe gelijktijdig en duister, en hoe de betekenis hem ontglipte van zoveel tegenstrijdige dingen die zich op een steenworp afstand voordeden. Niettemin zat hij zo op het oog roerloos over *Die Nation* gebogen, het enige blad van het land dat nog een beetje fatsoenlijk anti-Duitsland was. De rest van het schrijfvolk geloofde het wel, beetje hangen naar de ene kant, beetje hangen naar de andere kant, schipperen op Gods wateren. Gruwelen zijn van alle tijden, meneer, je moet op koers blijven, we worden door vluchtelingen overstroomd, zo gaat dat niet langer, dure hobby die oorlog naast je deur. Uitkijken, mensen, laten we de boze buurman niet al te boos maken. Voorzichtig, rustig aan. Schrijvers van de koude grond, telkens keken ze over hun schouder naar mogelijk onraad, in hun bunkers van vernuftige onpartijdigheid. Alleen *Die Nation* was anders, voluit betrokken op het onheil om de hoek. Oscar bewonderde de hoofdredacteur, hij had hem een keer in Bern ontmoet. Een gedreven man, die zijn meeste landgenoten verachtte. Hij was aan de grensposten geweest en had meegemaakt hoe joden meedogenloos waren teruggestuurd. Wie dat eenmaal gezien had, sliep niet rustig meer, zei hij. Moord op afstand, de dood had een Zwitserse douanepet op. Zijn krant was de enige die de regering durfde aan te vallen. Oscar was het niet altijd met hem eens, al had hij genoeg bezwaren tegen de Zwitserse politiek. Maar ondanks dat kwamen er toch nog de nodige mensen illegaal de grens over. Oscar wist dat, hij werkte nauw samen met degenen die hen binnensmokkelden, hij kende de routes, de gevaren en de moed van een aantal Zwitserse mannen en vrouwen. Heel wat maanloze nachten had hij gewacht op groepjes van over de Franse grens. Vaak tevergeefs. Wachten was niet echt heroïsch werk, moest hij toegeven. Maar iedere keer dat het lukte en er een paar mensen doorheen kwamen, was het of hij een wereld won.

Iets haalde hem weg uit zijn verweesde toestand. Er was een oneffenheid in het uitzicht gekomen, een knik in het beeld. Toen herkende hij hem. Het was de manier waarop een man verderop aan een tafel zijn sigaret had aangestoken, het hoofd diep naar beneden alsof hij iets zocht op de grond. Hetzelfde was hem opgevallen in het restaurant in Genève tijdens de lunch met Emma en Carl. De krantelezende man aan dat tafeltje had hij hoegenaamd niet opgemerkt, maar met die vreemde hoofdbeweging bij het aansteken van zijn sigaret had hij zichzelf verraden. Daar zat hij opnieuw, aan de rand van het terras, verdiept in een tijdschrift, hij zag eruit als een doodgewone man die net een wandeling gemaakt had.

Oscar schrok niet eens. Gevolgd werd hij regelmatig, hij was eraan gewend geraakt. In het begin vond hij het bedreigend en onaangenaam. Na verloop van tijd had hij geleerd vrij snel te ontdekken of er op hem gelet werd of niet. Maar in Genève was hij er niet op bedacht geweest, te zeer in beslag genomen door Emma en Carl en de opwinding van het weerzien. Hij had zich voorgenomen om Kate precies te beschrijven hoe ze eruit zagen, wat ze gezegd hadden en hoe ze het volhielden in Berlijn. Maar van een brief zou nu voorlopig wel niets meer komen. Oscar keek naar de schaduwman en overwoog om hem met zijn hand te wenken. Vaak een afdoend middel om zo iemand zenuwachtig te maken en af te laten druipen. Was het woord Barbarossa hoorbaar geweest? Veel gasten waren er niet geweest in het restaurant en de gluiperd had naast hen aan tafel gezeten. Maar nee, Emma had snel en zachtjes gesproken of liever gefluisterd. Fluisteren was verdacht natuurlijk, ook al had de man niets kunnen opvangen. Klein rapportje: *OV met dochter in G. Gefluisterde uitwisseling in afwezigheid van CB. Gevolgd tot in L. Daarna contact verloren, 28.5.41.* De pennelikker. Hij zou hem afschudden, dat kostte geen moeite. Hij was getraind in verdwijnen. Dit keer zou hij een beproefde methode toepassen, hoed en lege tas op z'n tafeltje leggen, de ober naar een wc vragen en het hotel inlopen. De ober binnen betalen en via een achterdeur vertrekken. De Beau Rivage had verschillende achteruitgangen, het was geen enkel probleem om ongezien weg te komen. Niet dat het nodig was, een dergelijke aftocht, maar hij wilde iets doen, zijn ergernis over de Duitse agent was sterker dan anders. Hij probeerde zich opnieuw te herinneren hoe duidelijk de stem van Emma geklonken had. Barbarossa, al spraken ze Nederlands, ook een Duitser kon zo'n woord verstaan. Juist een Duitser. Barbarossa, wie was dat ook weer, een oude keizer, een oude tiran, iets Germaans, iets uit een verafgood verleden, iets Hitleriaans. Oscars brein, getraind in historische kennis, vond het snel. Duitse keizer, aanvoerder van de kruistochten, twaalfde eeuw of daaromtrent. Dat was de achterliggende gedachte natuurlijk, het ging om de kruistocht van een keizer, in opdracht van Hogerhand.

Oscar aarzelde. Gaan of niet gaan. Niet gaan, nog niet, tijd genoeg. Rustig het menu bekijken, de ober roepen, bestellen, meer wijn, geen haast suggereren, rustig de krant doorbladeren. Zo deed hij het. De man verderop was lucht, een vlekje in zijn uitzicht. Het haventje tegenover het hotel lag vol zeil- en roeiboten, op lange loopplanken holden kinderen. Het was acht uur, de avond begon, het donker steeg laag voor laag uit het meer omhoog. De bergen aan de overkant verdwenen langzaam maar zeker uit beeld.

De krant lag stil op z'n knieën, even dacht hij niet meer aan Barbarossa. Hij dacht aan haar, en waar ze zou zijn.

4

In de verte hoorde ze vliegtuigen. Engelsen? Emma wachtte op het afgaan van het luchtalarm. Het kwam niet, het zou de Luftwaffe wel zijn geweest. Iedereen was gespannen. Twee weken eerder had een massieve aanval het centrum zwaar beschadigd. In Dahlem waren ze niet gekomen, jammer eigenlijk, want Himmler en Ribbentrop woonden hier zo ongeveer om de hoek. Maar dat wisten de Engelsen kennelijk niet. Berlin-Dahlem was niet lang geleden nog een dorp geweest, maar het was slinks ingelijfd door de stad. De straten geurden nog naar zand en weilanden, er waren een kerk, een boerenmarkt, tuinen en oude landhuizen. De ondergrondse had er zijn laatste halte. Carl nam hem iedere ochtend om zeven uur naar het ministerie van Buitenlandse Zaken.

Er bleef steeds minder buitenland over met al die veroveringen, constateerde Emma nuchter. Als ze zo doorgingen, dreigde werkloosheid.

Carl moest lachen om haar on-Duitse laconieke humor, haar onbevangen manier van praten. Snel, onbevreesd en met een onverwoestbaar humeur. Net als hijzelf. *Two of a kind*, poker op hoog niveau, ze leefden intens en op de rand van gevaar. Carl werkte voor Adam von Trott, en Trott wist alles, durfde alles, kende iedereen in de wereld die ertoe deed en sleepte zijn omgeving mee in zijn overtuiging. En die stond diametraal tegenover die van zijn bovenbazen, en die van de bovenste baas, in wiens naam alle dingen waren.

Ze waren net terug uit Zwitserland, hun koffers stonden nog onuitgepakt in de gang. Het was maandagochtend 2 juni, ze hadden de nachttrein genomen en Carl was direct doorgegaan naar het departement. Emma was doodmoe, slapen in een trein lukte haar slecht. Ze vroeg zich af wat er met haar vader aan de hand was geweest. Ze had hem nooit eerder zo afwezig meegemaakt. Hij leek volkomen in beslag genomen, een wiskundige die op een som broedt, ze had moeite gehad om zijn aandacht te vangen. Maar het bericht over Barbarossa had hem wakker geschud. Achteraf begreep ze niet hoe ze zo onvoorzichtig was geweest om hem met dat geheim op te zadelen. Het suisde en tolde al dagen door haar hoofd, ze kon er geen kant mee op. Haar vader zou misschien iets kunnen doen, wie anders. De uitwerking was enorm geweest. Het bericht had haar vader die daar zo onbereikbaar tegenover haar zat, uit zijn hol gejaagd. Met één klap terug op de aarde keek hij snel om zich heen en vroeg toen zacht en dwingend: 'Weet je dat heel zeker!' Ze had nog net ja kunnen zeggen, terwijl Carl weer op z'n stoel ging zitten. 'Mamá, wanneer ga je eigenlijk naar mamá?'

Ze had het voor zich uit geschoven, maar ze zou Carl moeten vertellen dat haar vader op de hoogte was. Hij zou het hopelijk begrijpen. Haar vader zou intussen trouwens geen rust meer hebben, vermoedde Emma. Wat zou hij met haar informatie doen?

Vanaf de dag dat Carl met het nieuws thuis was gekomen, hadden ze in verwarring geleefd. Carl had het toegejuicht, hoe erg het ook was. Het zou de ondergang van de nazi's betekenen, het einde van Hitler, niemand kon winnen van de Russen. Wie daar binnentrok, verdween in dat onmetelijke land. Ook Adam was daarvan overtuigd. Carl was zijn naaste assistent, bijna even oud, gedisciplineerd, intelligent, snel. Maar Trott was sneller, tegen hem viel niet op te redenen. Hij was een tovenaar, Carl bewonderde hem zichtbaar. Emma temperde zijn adoratie soms een beetje, al ontkwam ook zij niet aan Trotts scherpzinnigheid en ontwapenende overredingskracht. Ze waren met hem naar Zwitserland gereisd, een uitgelezen kans voor Emma om haar vader te zien. Carl en hij reisden regelmatig naar neutrale landen, zelfs in Rusland en Amerika kwamen ze. Dienstreizen naar ambassades en conferenties, op zoek naar contact met de vijand, hun heimelijke bondgenoot. Emma was vaak alleen, kinderen hadden ze niet, wilde ze ook liever nog niet, eerst moest de oorlog voorbij zijn. Maar voorlopig leek dat er niet op.

Wat Carl verteld had, was ontstellend: een Duitse inval in Rusland op 22 juni, de hele wereld zou veroverd worden, de totale waanzin was losgebroken, het gonsde op de ministeries, Rusland, Rusland. Trott was in alle staten, ook al besefte hij dat de bandieten het moesten gaan verliezen. Hij belegde vergaderingen, probeerde generaals te spreken, bezocht overal in het land zijn vrienden. Met Carl in zijn spoor als zijn vaste adviseur. Viel de waanzin nog te stoppen, hoeveel doden moesten er nog vallen?

Emma liep de tuin in, ze had nog geen zin om de koffers uit te pakken. Haar vaders eigenaardige gedrag hield haar bezig, die afwezige, bijna verlegen manier van doen paste helemaal niet bij hem. Al was zijn voortvarendheid meteen teruggeweest door haar gesiste mededeling. Toch hinderde het haar, hij had haar ontweken. Ze had zich er zo op verheugd hem weer te zien na meer dan een jaar. Hij had haar omhelsd, schuchter als een jongen, merkwaardig afstandelijk. En vrij snel na haar bericht was hij abrupt opgestaan. Hij nam kort afscheid en weg was hij. Haar vader, nooit helemaal toegankelijk, maar ditmaal was het toch anders geweest. Ze zocht naar een verklaring, maar kon niets bedenken.

Rododendrons in knop, lelietjes-van-dalen, een oude moerbeiboom, bloeiende hagen, Emma werd door voorjaar omgeven. Geuren uit de tijd dat ze in Hengelo bij haar grootmoeder logeerde, de Grote Oorlog vlak over de grens, zo rook het precies bij haar in Dahlem. Geur die de tijd ophief.

Hun huis lag in een web van groene laantjes, windstil was het en nergens lawaaiig. Verderop klonk het geruststellende geluid van een tuinman die de heg knipte, de hond van de buren groef met veel enthousiasme een gat in het grint. Duitsland was tot in alle uithoeken gemobiliseerd, wist ze, maar als je hier stond zou je dat niet zeggen.

Op dat moment hoorde ze van een afstand een auto aan komen rijden, sneller dan gebruikelijk. Het agressieve dichtslaan van portieren een halve minuut later. Twee onbeduidende mannen in onbeduidende jassen – zelfs met mooi weer droegen die kennelijk jassen, met opgeslagen kragen. Zo zag de Gestapo er dus uit. Het was haar eerste gedachte toen ze het hek openduwden en zonder een woord te zeggen de tuin binnenstapten. Emma keek ze aan, niet eens vragend maar alleen ironisch vriendelijk.

'Ze brachten me naar de Albrechtstrasse, Carl, ik ben er geweest. Na een paar uur lieten ze me gaan. Ze wilden weten – en dat wisten ze allang – of dat mijn vader was die we in Genève ontmoet hebben. En wat ik daar had zitten fluisteren.'

Prinz-Albrechtstrasse 8, hoofdkantoor van de geheime politie, uitkijkpost van de hel, wie er naar binnen ging kwam er zelden uit, werd gezegd. Niettemin had Emma tamelijk vlot weer buiten gestaan. Vermoedelijk wilden ze niet te veel gedoe met Buitenlandse Zaken, hoewel de Albrechtstrasse zich door niemand liet intimideren. Speldeprikje naar Trott? Venijnigheidje om te laten merken dat ze in de gaten werden gehouden, waar ze ook waren? Dat Emma een Nederlandse was, vonden ze per definitie verdacht, en dat haar vader verbonden was aan de Nederlandse ambassade in Zwitserland was reden genoeg om in een kamp gezet te worden. Lieten ze doorschemeren. Door laten schemeren, altijd een kiertje openhouden naar een mogelijk strafbaar feit, de vileine methode van sluipmoordenaars, de klerken van Himmlers elitecorps.

'Wat voor gefluister bedoelden ze?'

Haar antwoord overrompelde Carl meer dan ze gedacht had.

'Mijn God, Emma, dat had je natuurlijk nooit mogen zeggen!'

'Ik deed het impulsief, ik kon aan niets anders denken dan aan wat jij gezegd had, Carl. En hij was zo, het leek alsof hij ergens anders was, een vreemde, ik wilde dat hij wist wat wij weten. Nog maar drie weken. En ik vertelde het hem, hij was terug op aarde in een halve seconde. Ik hoop dat hij er wat mee doet, hij moet er iets mee doen.'

Carl was stil geworden. De waarschuwing die ze vandaag hadden gekregen, was niet mis te verstaan, Emma's korte arrestatie was een bedreiging van de directste soort. Goddank hadden ze niet verstaan wat ze in Zwitserland tegen haar vader gezegd had, anders had hij haar niet teruggezien. Het was de openingszet in een schaakspel waarin de Gestapo alleen de stukken kon verzetten. Carl Bielenberg, we zitten op je spoor, en dat spoor leidt naar Trott, je baas. Die baas bevalt ons niet, en zijn vrienden en medewerkers bevallen ons ook niet. Niets aan jullie bevalt ons eigenlijk, jullie vrouwen niet, jullie kinderen niet, jullie familie niet. Hooghartige intellectuelen zijn jullie, met jullie mooie huizen en mooie woorden en mooie namen en jullie gemanicuurde gedachten en onleesbare boeken en jullie buitenlandse contacten. Kijk, daar gaan wij wat aan doen. En we beginnen eens met een van jullie vrouwen op te pakken en bang te maken en te laten zien dat we veel weten, alles weten. Klein cynisch grapje onzerzijds, echt iets voor jullie, je moet ergens beginnen.

Spookhol Albrechtstrasse, plaats voor de betere humor.

Carl en Emma zaten in de tuinkamer, het schemerde al, de koffers stonden nog steeds onuitgepakt. Emma had hem opgebeld en gevraagd of hij wat vroeger wilde thuiskomen. Ze was geschrokken, maar zeker niet in paniek.

'En bij het weggaan zei een van die mannetjes: je hebt een knappe moeder, hoor – met zo'n armzalig lachje. Wat zou dat nou weer te betekenen hebben, mamá is sinds het begin van de oorlog maar één keer in Zwitserland geweest. Zouden ze haar ook van iets verdenken?'

Carl ging er niet op in, nog altijd geschokt over Emma's arrestatie en de mogelijke gevolgen daarvan voor Trott. Achteraf was het contact met haar vader natuurlijk uiterst dom geweest. Maar het was zo verleidelijk om hem even te ontmoeten. Eindelijk een vertrouwd iemand, eindelijk niet op je hoede. Hij vroeg zich vaak af wat de vader van Emma eigenlijk deed in Zwitserland. Eenzame job, maar eenzaam leek hij niet. Het restaurant aan het meer was niet erg vol. Nu Carl erover nadacht waren er maar drie of vier tafeltjes bezet geweest. Naast hen had iemand een krant zitten lezen, de dag ervoor was de Bismarck gezonken, de koppen waren zo groot dat ze het hele restaurant vulden. Het begin van het einde, hij herinnerde zich dat hij precies die gedachte kreeg: het begin van het einde, zo'n aangename constatering alsof je in de toekomst kon kijken. De zeeën waren van de Engelsen, dat betekende het zinken van de Bismarck. En ook in de lucht werden ze steeds sterker, ze vlogen dag in dag uit boven Duitsland.

Straks Rusland in, hoe krankzinnig kun je zijn. Het begin van het einde, nog een half jaar schatte hij, hooguit een jaar, dan was het voorbij. Toch was hij er ook weer niet helemaal zeker van, hij weifelde. Er waren gigantische legers gevormd, Trott was op de hoogte van de precieze omvang, het halve land liep in uniform. Het vaderland riep, en het antwoord marcheerde door de straten. En wie iets afwijkends te beweren had, werd opgehangen aan een pianosnaar. Ja, er zat muziek in executeren of opsluiten, of wurgen of neerknuppelen. De man achter die krant, zou dat trouwens de man zijn geweest die zijn schoonvader gevolgd had en afgeluisterd? Heel wel mogelijk nu hij erover doordacht. Wat een stommiteit om zo openlijk te zitten praten.

Gelukkig dat de tafels flink uit elkaar stonden. Hoe duurder het restaurant hoe groter de ruimtes tussen de gasten. Zakenmensen hielden niet van buren met oren. Politici ook niet. Misschien had Verschuur bewust dat enigszins onpersoonlijke restaurant uitgekozen.

Emma zei iets over haar moeder dat hij niet begreep. Knap, was haar moeder knap? Met de complimenten van de Gestapo, wat een onzin, waarom beweerden ze zoiets. Haar moeder was blond en misschien daarom voor die mannen al gauw 'knap'. Vreemde rapportage.

Ze verduisterden. Carl sloot de gordijnen, de ramen waren afgeplakt met zwart papier, maar hij ging voor de zekerheid nog even naar buiten om te kijken of ergens licht doorheen kwam. Het toezicht werd steeds scherper en de straffen op overtreding van de voorschriften steeds hoger. Trott had een mooie opmerking gehoord van iemand die 's avonds in de stad een verlicht raam was tegengekomen: 'Die hebben zeker apart vrede gesloten met de geallieerden.' Vrede, een woord uit een sprookjesboek.

Het was nog net vrede toen Emma en Carl elkaar ontmoetten. Voorjaar 1938, in de Fasanenstrasse, een bomenrijke zijstraat van de Kurfürstendamm. De Verschuurs gaven hun afscheidsdiners, ze waren teruggeroepen naar Nederland.

Carl kende Oscar Verschuur, hij had hem wel eens

aan informatie geholpen. De uitnodiging van Verschuur had hij graag aangenomen. Hij was de jongste van het gezelschap. Op één na. Emma, zijn tafeldame voor die avond. Zij werd zijn vrouw voor het leven, al schatte hij dat leven onder de huidige omstandigheden inmiddels van tamelijk korte duur. Maar die avond was er geen verleden en geen toekomst geweest, alleen zij naast hem. Hun woorden bevielen elkaar, vraag en antwoord trokken elkaar aan. De toon, de klank, hun oogopslag, de gebaren, hun lachen en de stiltes daartussen.

Oscar Verschuur had gespeecht. Hij had iedereen bedankt voor hun vriendschap en hulp deze jaren en hij had het glas geheven op de vrede, of op wat daar nog van over was. Niet veel meer op dat moment, de oorlogsvuren werden al onbeschaamd opgestookt. Emma en Carl zagen niets en niemand. Aan de hoek van de lange tafel, in het gezelschap van Nederlanders, Fransen, Duitsers, Zwitsers, Portugezen, Zweden en Britten, Europa verenigt u, gloeide een heel ander vuur. Vrede of oorlog was niet van belang. Emma sprak vloeiend Duits, beter dan haar ouders. Uit haar mond klonk zijn taal zoveel mooier dan wat Carl in het openbaar meestal hoorde – het geblaf van het bevel, de propagandastem, het gekrijs van de Idioot.

Hij nam afscheid van haar, ineens onzeker of hij haar aandacht wel goed begrepen had. Hij stond bij de garderobe in een wirwar van gasten, die handen schudden alsof men elkaar nooit meer zou zien. Emma hield haar ogen op hem gericht, haar gezicht intens, en legde haar hand op zijn arm.

'Zien we elkaar nog een keer, ik ben hier nog maar een paar weken.'

'Morgen?'

Ze lachte en zei, God zij geprezen: 'Ja, graag.'

'Morgen' was iedere dag geworden, en ten slotte dag en nacht. Ze waren nog datzelfde jaar getrouwd, alsof de duivel hen op de hielen zat. En dat zat-ie ook.

Carl liep na zijn lichtinspectie hun huis weer binnen. Emma stond onbewegelijk in de gang, bij de koffers. Toen hij naast haar kwam staan, zag hij dat ze huilde.

5

'Hoe is het daar op dit moment, Howard?'

David Kelly, de Engelse ambassadeur, vroeg het de journalist, kersvers over uit Berlijn, met de gretigheid van een jachthond. De ronde tafel in de studeerkamer van gastheer Björn Henderson was net groot genoeg voor acht. Sommigen kenden elkaar goed uit andere standplaatsen en andere tijden. Het reizend circus van de diplomatie, diners in Ankara, Buenos Aires, Belgrado of Stockholm, in wisselende samenstellingen, met wisselende decors, maar beschermd door een onveranderlijke etiquette, eenzelfde toon en taal.

Bij Henderson had Oscar de illusie thuis te zijn. Aan vier kanten boekenkasten, een notenhouten bureau, een leren stoel, schilderijen overal waar nog wat muur over was, een kleine pantry met flessen drank en glazen. Een donkerrood kleed op de vloer, het gewelfde plafond zachtgeel geschilderd, indirect licht op de ruggen van de boeken, kaarsen, foto's van Stockholm. Alles was gericht op vergeven en vergeten.

'Is je huis microfoonschoon, Henderson?' vroeg Howard Smith opgewekt, maar serieus.

'Moet je aan Horst vragen, Howard, de Zwitsers gaan daarover. Maar nee, we hebben alles ondersteboven gehaald, het is hier bomvrij.'

Smith richtte zich tot de Engelse ambassadeur: 'Jullie vliegtuigen hebben ons wel beziggehouden de afgelopen tijd, David. Ik weet niet hoeveel keer ik in een schuilkelder gezeten heb, maar het begint me flink de keel uit te hangen. Chronisch slaapgebrek, dat is volksziekte nummer één. De laatste tien dagen zijn jullie trouwens braaf geweest, benzine op rantsoen? Blijf nog maar een tijdje weg als dat mogelijk is. Ik hoorde een curieus verhaal. Er worden "schuilkelderpartijtjes" georganiseerd door mensen die gehecht zijn geraakt aan de nachtelijke luchtaanvallen. Het verbroedert, jullie brengen de Berlijners dichter bij elkaar, letterlijk en figuurlijk. Raar effect. Zie je het voor je: allerlei buren met hapjes en drankjes midden in de nacht, met kaarslicht en gezang, hunkerend naar het luchtalarm? Als je maar weet dat ik er niet naar hunker.'

David Kelly lachte kort. Hij wilde Smith graag uithoren in dit gezelschap. Oscar kende de journalist nog uit zijn Berlijnse tijd. Een Amerikaanse correspondent van CBS, de scherpste analyticus van het nazisme die er was. Via Emma en Carl wist Oscar nauwkeurig hoe de luchtaanvallen van de Engelsen de angst bij de mensen aanwakkerden. Hoe ze zich ingroeven en harder werden, humorlozer en verbetener. Hij wilde niet hardop bevestigen wat Howard beweerde, bang dat ze zouden vragen of zijn dochter en schoonzoon misschien nog meer informatie hadden. Sinds hij ze had gezien worstelde hij onafgebroken met de wetenschap van de Duitse invasie. Niemand in het Westen twijfelde eraan dat die vroeg of laat zou komen, maar tot nu toe was het stil gebleven.

'Wanneer denk je dat ze Rusland zullen binnenvallen, Howard?' Kelly liet er geen gras over groeien.

'Dat had al in mei zullen gebeuren, maar kennelijk aarzelen ze toch nog en misschien blazen ze het wel helemaal af, net als de oversteek naar jullie eiland. Stalin schijnt hierover onbenaderbaar te zijn, de man is volkomen paranoïde, beweert onze ambassade in Moskou. Hij gelooft niets en niemand en staart zich blind op zijn pact met Hitler. We hebben hem al een tijd geleden gewaarschuwd, maar nog afgezien van het feit dat hij ons Amerikanen wantrouwt, hij schijnt bezeten te zijn van het idee dat jullie eropuit zijn hem de oorlog in te lokken. En geef toe, twee fronten zou voor jullie natuurlijk een uitkomst zijn.'

Kelly knikte voorzichtig en op z'n hoede. 'Ze beweren dat de Duitsers al die troepen in het oosten houden om de Russen onder druk te zetten om hun afspraken na te komen: de halve Duitse economie leeft op spullen uit Rusland, Howard. Jij weet ook dat ze hun graan en olie hard nodig hebben, er gaan iedere dag gigantische voorraden de grens over.'

'Staaltje Duitse misleiding, David. Geloof het maar niet, ze zijn van plan om die olie en dat graan gewoon te gaan halen waar het vandaan komt. Als de Russen nu zouden mobiliseren, zou Hitler misschien nog afgeschrikt kunnen worden. Of in ieder geval zou er vertraging ontstaan, want de verrassingsaanval is tot nog toe zijn grootste troef geweest, half Europa heeft hij in zijn slaap overvallen. Daarom is het van levensbelang om te weten wanneer de Duitsers precies gaan aanvallen. Maar ja, Stalin heeft ik weet niet hoeveel legerofficieren laten vermoorden en bijna al z'n generaals zijn dood of zitten gevangen. Die man heeft zijn eigen leger totaal de vernieling in geholpen! Ik vrees dat ze niet eens kúnnen mobiliseren.'

Oscar hoorde het zwijgend aan. Hij moest zich met alle middelen bedwingen om er niet tussen te komen. David, Howard, luister, ik weet het, ik ken de datum, ik heb de meest betrouwbare informatie van jullie allemaal, het is onomkeerbaar, 22 juni, Howard, David, Björn, 22 juni. Nog drie weken...

Tegen wie moest hij het zeggen hier in Bern? Wie

zou hem geloven en waarom? De Russen waarschuwen? Hij kende niemand van hun ambassade, ze hielden zich overal buiten. Het bestond eenvoudig niet dat hij iets zou doorgeven, het zou Emma en Carl onmiddellijk onder verdenking brengen. Hun ontmoeting in Genève was gedocumenteerd en doorgebrieft, ongetwijfeld. Het gesprek tussen Emma en hem had dat rokende mannetje niet kunnen verstaan, daar was hij wel zeker van, maar er was iets gezegd dat niemand mocht horen. En dat was gerapporteerd natuurlijk. De Albrechtstrasse hield niet van fluisteren.

Howard Smith ging er nog eens goed voor zitten.

'Er staan meer dan 150 divisies klaar, vertelde de Italiaanse militair attaché me, miljoenen soldaten, er wordt gesproken over drieënhalf miljoen, een onbestaanbare wereldmacht. We hebben ze zien vertrekken vanuit de stations, of ze kwamen vanuit het westen op doorreis door de stad. Ik heb nog nooit zoveel troepen voorbij zien komen als de laatste paar maanden. En dat ging niet richting Engeland, Kelly, dat is de andere kant op. En het gaat ook niet om oefeningen in verre gebieden die de RAF niet kan bevliegen, zoals Herr Goebbels beweerde op zijn laatste persconferentie. De nazi's brengen voortdurend misinformatie in omloop, daar zijn ze meesters in. Als een nazi ademt dan liegt-ie. En de Russen spelen mooi weer, zij benadrukken te pas en te onpas hoe solide hun betrekkingen met de Duitse regering zijn. Er komen nieuwe onderhandelingen wordt gesuggereerd. Onzin. Deze maand moet het *losgehen*, let op m'n woorden.'

Oscar luisterde scherp, zich pijnlijk bewust van zijn bedrieglijke aandacht. Hij keek de tafel rond, zag hoe de anderen in stille concentratie luisterden naar Smith, middelpunt van hun vergadering. Tegelijk hoorde hij in de verte het verkeer op de Schifflaube, een geruststellend geluid, dat zijn aandacht verlegde. Bern was één enorme geruststelling, een wonder van beschaving. Smith had hem eens verteld hoe iedere keer de ontstellende grauwheid van Berlijn van hem afviel zodra hij in Zwitserland was. Het alledaagse van Bern was een uitzonderlijke ervaring voor wie uit Duitsland kwam. In de winkels was alles te koop, er stonden nergens rijen, de cafés waren vol, er werd gedineerd en gedanst. Onbestaanbaar een paar honderd kilometer verderop, een treinreis verwijderd van een duistere, sinistere, kwijnende stad waar sirenes overheen woeien op ieder moment van de dag en de nacht.

Oscar woonde al twee jaar in Bern, maar wennen aan die koele stad deed hij niet. Onder de kilometers lange arcades verborg zich een koopmansgeest die de zijne niet was. Op onvriendelijke momenten herinnerde hij zich de geschiedenislessen op school, dat de

Zwitsers een volk van huurlingen waren geweest, voor geld overal inzetbaar. De kassa van Europa. Niet aardig. Hij kende genoeg 'goede' Zwitsers. Maar hoe vreemd het klonk, hij was liever in Berlijn. Niet het Berlijn van dit moment, maar van de jaren dat Kate en hij er woonden. Natuurlijk, ze waren net op tijd weggegaan, de terreur nam met de dag toe, maar het waren in zijn gevoel elektrische tijden geweest, niemand was lauw of grijs. Kate en hij leefden in evenwicht met elkaar, zonder veel woorden. Emma woonde niet meer thuis, Kate werkte in een ziekenhuis als operatieassistente. Aan het eind van de dag spraken ze af in de bar van het Adlon, of in Horcher's of in Hotel Kessel. Plaatsen waar journalisten graag kwamen, kunstenaars en diplomaten.

In opdracht van zijn ambassade had Oscar voorzichtig contacten moeten leggen met mensen die tegen het regime waren. Het was bepaald niet moeilijk om die te vinden. De omzet van de Adlonbar hing er nauw mee samen. Het was daar dat hij Adriaan Wapenaar had leren kennen, met wie hij prompt bevriend raakte. Als het erop aankwam moest Emma hem om hulp vragen, had hij Oscar nog onlangs dringend laten weten. Wapenaar was een verbluffende figuur, en tot nu toe ongrijpbaar, zelfs voor de Gestapo. Sinds de oorlog opereerde hij onder Zweedse vlag. Hij was getrouwd met een Duitse vrouw en hielp zoveel mogelijk de Nederlanders in Berlijn, en dat waren er duizenden. Al was Emma voor de wet een Duitse, Oscar vond het een prettig idee dat Wapenaar klaar stond in geval van nood.

Vlak voordat Oscar en Kate terug waren gegaan naar Nederland had hij Wapenaar opgezocht in het Adlon, waar hij min of meer spreekuur hield.

'Wat vind jij van Carl Bielenberg, Adriaan?'

'Honderd procent betrouwbaar, een goeie Duitser, de beste van zijn lichting bij Buitenlandse Zaken. Geen lid van de Partij en op miraculeuze wijze toch aangenomen. Waarom wil je dat weten?'

'Mijn dochter is verliefd op hem en hij op haar en dat heeft inmiddels grote vormen aangenomen. Bielenberg is niet meer weg te slaan uit de Fasanenstrasse. Kate vindt het maar zo zo, een Duitser in je huis in deze tijd is niet het fijnste afscheidscadeau. Ik zie het misgaan, ik bedoel, ik denk dat Emma en hij gaan trouwen.'

Op datzelfde moment had hij zich gerealiseerd dat Wapenaar zelf met een Duitse getrouwd was.

'Okay, Adriaan, ik hoor het me zeggen, maar jouw vrouw is van vóór '33, dat telt niet.'

Wapenaar lachte voluit, mensen aan belendende tafeltjes begonnen mee te grinniken. Vrolijke Hollanders, aanstekelijke lui.

Toen werd hij ernstig.

'Je hebt gelijk, Oscar, het is onhoudbaar aan het worden hier. Je hebt geluk dat jullie weg mogen. Mij lukt dat niet, en ik wil het natuurlijk ook niet om Elka en haar familie. We moeten contact houden, we zullen elkaar nog wel eens hard nodig hebben. Waar sturen ze je heen?'

'Voorlopig nergens heen, eerst maar eens een jaar Den Haag, even dobberen op de bureaucratengolfjes.'

Wapenaar knikte alleen maar. Hief zijn glas.

Het klinken van glazen haalde Verschuur er weer bij. Het was een eigenschap van hem om op de meest acute momenten weg te duiken in herinneringen. Werktuiglijk tilde hij zijn wijnglas op, en tikte ermee tegen het glas van zijn buurman. *Skol*, Björn, *cheers*, David, *Zum Wohl*, Horst. Klanken van een hoffelijke vriendschap, de innige wensen van een groepje ingewijden – jongens zouden ze altijd blijven, al wisten ze dat niet. Smith, Henderson, Kelly en de anderen. Draadloos verbonden in hun afkeer van wat zich overal ontrolde: het Duizendjarig Rijk.

De Russen waarschuwen? Oscar vroeg het zich opnieuw af. Hoe betrouwbaar waren die? Zouden ze bij hun Duitse vrienden van de ambassade geen navraag doen naar wat die Verschuur voor iemand was en zouden ze niet en passant laten vallen dat hij hen had getipt over een 'inval'? Heel wel mogelijk dat ze vermoedden van doen te hebben met een Hollandse padvinder. Onduidelijke doctor in de geschiedenis, wiens levensloop nagenoeg onbekend was en wiens functie en opdracht duister bleven. Een brief aan Smith meegeven voor Wapenaar, die het via Zweden kon laten uitlekken misschien? Nee, hij zou Smith belasten met iets wat hij zelf moest opknappen, en daarbij zou die gefouilleerd worden bij de grens. En Björn Henderson, kon hij Henderson niet vertellen wat hij van Emma gehoord had? Hij aarzelde. Hoe integer hij ook was, hoe plezierig in de omgang, de Zweden waren extreem voorzichtig en zijn bericht zou ongetwijfeld als een onbevestigd verhaal sneuvelen in de ambtelijke handen van de ambassadeur.

Nee, hij zou hem er niet mee belasten.

Zijn ministerie in Londen een bericht sturen was bij voorbaat uitgesloten. Verschuur moest er niet aan dénken. Londen was synoniem met onbekwaamheid, ruziemaken, en bureaucratie. De Nederlandse regering, die daar sinds '40 zat, vond hij van een grote onbenulligheid. Uitgesloten was het om wat dan ook via dat kanaal te organiseren. De lusteloos makende contacten ambtshalve waren al erg genoeg. Het werk dat hij in Zwitserland deed, deed hij naar eigen inzicht en op eigen initiatief. Werk terzijde de geijkte kanalen, operaties die de pennelikkers in Stratton House en Ascot, of waar ze hun bureaus tegenwoordig ook hadden staan, op hun achterste benen zouden brengen. Steigeren zouden ze, vloeken, ze zouden naar hun bazen gaan en maatregelen eisen.

Dr. Oscar Martinus Verschuur, gepromoveerd op een stelletje Zoeloes, was een belangrijke schakel in Zwitserland, die vluchtelingen het land in hielp. Dat waren heel vaak Fransen en Duitsers, en maar een paar Nederlanders. En dat liep niet, herhaal niet, via Londen. Wapenaar in Berlijn wist ervan, de Nederlandse consul in Lugano wist ervan. En Kate. Zelfs de bijna honderd mensen uit allerlei landen die hij illegaal de grens over had weten te krijgen, kenden hem niet, althans niet zijn naam, net zomin als de paar contacten in Nederland en België. De laatste jaren was hij de beste sporenwisser van Buitenlandse Zaken geworden. En daarom was zijn connectie met Morton al helemaal niet bekend. Morton was van alles op de hoogte, sterker, hij werd door Oscar nadrukkelijk op de hoogte gehouden, want hij werkte voornamelijk op diens instructies. Major Desmond Morton, *Intelligence Advisor* van Churchill. Het 'mysterie Morton', zoals Howard Smith hem ooit eens had omschreven, maar Oscar vond niets mysterieus aan de man die hij samen met Wapenaar begin '38 had ontmoet in Berlijn.

Morton had zijn huiswerk goed gedaan. Hij wist

precies met wie hij te maken had, kende hun beider achtergrond, hun tegendraadse reputatie, hij noemde de namen van mensen die Oscar en Wapenaar vertrouwden. Of ze bereid waren in de toekomst met hem samen te werken. Die toekomst zag Morton zeer somber in. Wat er om hen heen gebeurde in Duitsland was het begin van een catastrofe op wereldschaal, nee, nee, hij overdreef niet. En daarom bouwde hij in heel Europa aan een schaduwlegertje van mannen en vrouwen dat Engeland kon mobiliseren als het erop aankwam. Het was schaken op groot formaat. Ze waren bereid geweest. Dat zij beiden op zulke vooruitgeschoven posten zouden zitten toen het eenmaal zover was, had Morton niet kunnen vermoeden. Maar verder waren zijn voorspellingen griezelig exact uitgekomen. Met een gezicht of hij over familieperikelen praatte, had hij hun het scenario voorgelegd, de landen opgesomd die bezet gingen worden door Duitsland. Alleen met Zweden, dat met rust was gelaten, zat hij mis. Dat Zwitserland buiten de oorlog zou blijven, had hij verwacht, hij kende de banden die de nazi's hadden met de schatkist van Europa. Des te beter. Zowel Verschuur als Wapenaar konden hem waardevolle inlichtingen verschaffen, en deden dat ook. Voor hem liepen ze graag het risico om met hun ministerie in conflict te komen, Desmond Morton, vertrouweling van Churchill, was een van hen. Een blind vertrouwen heette dat, nooit geschaad tot dusver.

Morton was zijn enige kans, de enige met wie hij over de aanstaande operatie zou durven praten. Hij had dat eigenlijk meteen geweten, maar nu stond zijn besluit vast. Met de Engelsman kon hij afspreken dat er nooit één verwijzing naar de bron, naar Oscar en zijn dochter, zou worden gegeven. Oscar voelde opluchting, hij kon zich weer in het gesprek mengen.

'Weten jullie wie bisschop Von Galen is?' vroeg Howard Smith. Oscar kende zijn naam uit de kranten. *Die Nation* had niet lang geleden een groot artikel over hem gepubliceerd. Tamelijk bijzonder geval, die Von Galen, hij had protesten laten horen. Protest, een woord dat ze in Duitsland niet eens meer konden spellen.

'De crucifixen moesten verwijderd worden uit alle schoollokalen in Beieren. Opdracht van een zekere Doctor Meyer, een of andere plaatselijke *hotshot* met een Lederhose, vermoed ik. En nu komt het: die Von Galen heeft geprotesteerd bij Hitler! Is nog niet eerder voorgekomen, dat iemand z'n beklag doet bij Wodan persoonlijk. En het wordt nog mooier, want er is zelfs gedemonstreerd, buiten op straat en het gerucht gaat dat Hitler in Beieren is uitgejouwd. Dat laatste kan ik nauwelijks geloven.'

Björn Henderson viel in: 'Dat is bij ons ook bekend. Die crucifixen mogen blijven hangen, het was een vergissing, heeft Goebbels laten weten. Kwam ze waarschijnlijk niet goed uit om de katholieken boos te maken. Als ze de joden maar mogen blijven hangen – dáár moesten ze tegen protesteren in plaats van zich druk te maken over een houten kruis in de klas!'

Henderson was vast geen katholiek. Joods misschien? Verontwaardigd in ieder geval. Zijn sarcasme en woede deden Oscar goed. Ze leken op de razernij die hem af en toe overviel, zijn machteloosheid en de angst om Emma in Berlijn. Deze tafel met bevriende diplomaten vormde voor even een afleiding.

In hoog tempo hoorden ze Smith verder uit, zijn verhalen en analyses werden becommentarieerd en aangevuld. Een boodschapper uit het dodenrijk was hij, tijdelijk ontsnapt. Ooggetuige van wat voor ieder van de andere aanwezigen net niet te zien was, buiten bereik, maar bijna aan te raken. Voor diplomaten is dat slecht te verdragen, al hingen ze Goethe's leefregel aan: beoordeel wat zichtbaar is, en respecteer wat verborgen is. Goethe, de gigant die niemand las en wiens werk niemand kende, de intellectuele locomotief van het oude Duitsland, met al die elkaar beloerende en bevechtende koninkjes en graafjes en hertogjes en generaaltjes en bisschopjes. Dat het land van Goethe... het was een refrein van verbazing over de ontsporing van het vaderland van zulke grootheden. Het soort grootheid waarvan overigens niemand de omvang of achtergrond kende. Men praatte elkaar na, hield de mythes in stand. Het land van Goethe, het zou wat. Het land van Rosenberg en Göring, van de domheid en de dood. Toneel in drie bedrijven: opkomst, bloei en ondergang van de Idioot.

Oscar respecteerde wat verborgen was, zeker. Hij leefde erop. Maar niet ditmaal.

Het was ver na middernacht toen hij de Schifflaube opliep, op weg naar huis.

6

Kate was vroeg wakker, zoals bijna altijd. Gewoonte uit de tijd dat Emma nog klein was. Uitslapen kon ze niet meer. Londen bewoog niet erg, het licht van de morgen was nauwelijks waarneembaar. Woensdag 4 juni, Emma's verjaardag. Het eerste kwartier van de dag, terug uit dromen die meestal hevig waren. Ze was een dromer, wat ze overdag miste, haalde ze 's nachts in. Haar nuchterheid was de koele kant van de medaille die haar heftigheid verborg, zou de kenner zeggen. Zijzelf dacht daar nooit zo over na. Een kwartier lang rustte ze uit van de slaap, haar armen en benen zwaar, haar gedachten en gevoelens vederlicht. Emma, Carl, Oscar. Matteous. De zachtheid waarmee hij zijn eigen voornaam soms uitsprak, de Afrikaanse toon en tongval, kon ze onmogelijk nadoen. Maar de echo ervan klonk in haar door. Gisteren had zij hem achtergelaten op zijn huuretage. Ze had zich geweld aan moeten doen om hem niet mee te nemen naar haar huis. De regens die over Earls Court Road sloegen hadden het decor er niet vrolijker op gemaakt. Hun zwijgen in dat nauwe kamertje met uitzicht op de drukke straat was niet mis te verstaan: wat doe ik hier, waar wil je dat ik blijf, ooit moet ik weg, niemand kent me, ik besta niet meer.

Kate dacht eraan, aan de ijskoude handen van Matteous en aan zijn afwijzende blik toen ze ten slotte iets aardigs had proberen te zeggen over zijn kamer.

Vijftien minuten in bed in de stille ochtend, het was het verfijnde mechaniek dat haar langzaam aan de tijd liet wennen. Eén hand op haar buik, de andere onder haar hoofd: overgave aan een onbekende liefde, de houding van een onthechte minnares. Niets hoefde meer, niets meer bewezen, alles was voorbijgegaan, jeugd, huwelijk, kind. Ze hadden alleen de oorlog nog, en een zwarte jongen die op onverklaarbare wijze haar leven was binnengekomen. Zou ze naar hem toe gaan straks, of moest ze hem met rust laten? Matteous was geen kind meer, en zij was zijn moeder niet, al leek het er soms op. Emma was al zo snel volwassen geweest, ze had nauwelijks de tijd gekregen om moeder te zijn. Vierenvijftig was ze, wat had ze in vredesnaam al die tijd gedaan. Om onduidelijke redenen had alles zich in een sneltreinvaart aan haar voltrokken. Zoals je water zag weglopen in een wasbak waar de stop was uitgehaald. Het draaikolkje onderin, daar was ze nu aanbeland.

Ergens in de buurt hoorde ze een zware klok de tijd slaan: zes uur. In Berlijn was de dag net zo goed begonnen, ze liepen er zelfs een uur voor, Carl zat natuurlijk al in de trein. Matteous zou slapen, vermoedde ze, en Oscar vrijwel zeker ook. Veel gedachten over Oscar had ze deze jaren niet. Vreemd genoeg verontrustte haar dat helemaal niet, ze constateerde het en daar bleef het bij. Hun levens zaten dicht tegen elkaar aan, als mussen op een drooglijn, tamelijk tevreden, tamelijk tam. De omhelzing leek afgeschaft, en zelfs de afstand tussen Bern en Londen vergrootte het verlangen niet. Kate vond het goed zo, buitengewoon best. Erotiek had nooit een grote rol gespeeld in hun leven. In hoeveel levens wel eigenlijk. Aan de tijd vóór Oscar ging ze voorbij, die jaren bewogen zo traag over de bodem van haar ziel dat ze er niets van merkte. Of bijna niets, soms, zelden, werkelijk heel af en toe, in haar dromen, in het kwartier van stilte.

De afgelopen maanden was dat veranderd, sinds ze Matteous kende. Een paar keer was ze met een bonkend hart wakker geworden door de klap, door een verschrikkelijke klap. Na de verwarring de herinnering, met de herinnering de pijn. Ze was weer achttien en pas getrouwd. Ze liep weer hand in hand met hem door Rome, waar hij werkte aan de opgravingen op het Forum Romanum. Het eindeloos stoffer-en-blik-

project, noemde hij het bescheiden. Hij was een van
de meest getalenteerde archeologen van zijn tijd. Tien
jaar ouder dan zij, Roy de Winther, Winther met een
h. Hoe vaak had ze dat niet gezegd, Winther met een
h achter de t, in de paar jaar dat ze met hem door Europa reisde, vier jaar om precies te zijn. Van Gibraltar
tot Oslo, van Boedapest en Kiev tot Rome en Sicilië. Overal waren wel archeologische vondsten gedaan,
musea die niet gemist mochten worden, congressen en
bijzondere colleges op een of andere universiteit. Ze
huurden soms een huis waar Roy kon schrijven of lessen kon voorbereiden, hij publiceerde in internationale vakbladen en kranten. Sinds Schliemann Troje had
ontdekt waren opgravingen nieuws, en waren archeologen gezochte figuren. Roy de Winther was zo'n gezocht iemand. Ook door haar, vooral door haar. Toen
ze trouwden kenden ze elkaar hooguit een half jaar,
Kate's voortvarendheid had hem volkomen overrompeld. Hij wist misschien alles van het verleden, zij zou
wel eens voor de toekomst zorgen. En die bestond
vooralsnog uit reizen. Aan kinderen dacht ze niet,
ze was zelf nog een kind zo ongeveer. Trein in, trein
uit, schip op, schip af, een lint van hotels en pensions,
huurkamers en instituten. De vrolijkheid van vóór de
Grote Oorlog, zij waren er onderdeel van, hun energie
was tomeloos, ze waren onafhankelijk, en hartstoch-

telijk op elkaar gericht. Zo zou de wereld nooit meer zijn. Geen liefde en geen dood meer hetzelfde. Geen overgave en geluk kwamen in de buurt van wat zij die jaren beleefden.

Kate had alles bedekt, verpakt, luchtdicht, omsnoerd door een nieuw leven dat toch nog kwam na de catastrofe. Vier jaar onafgebroken samen, het leek voldoende om de machinekamers van het geheugen voor altijd te voeden. Maar de machines waren langzaam vastgelopen, de herinneringen aan die tijd vervaagden of werden weggemoffeld, ze was in staat geweest zijn lichaam te laten verdwijnen, zijn liefde te vergeten. Beton eroverheen.

Maar niets verdwijnt. Ook niet de treinreis, die Roys laatste was. Van Milaan naar Rome, terug naar Rome, waar zij was. Het moest een ontzagwekkende klap zijn geweest, de kranten hadden foto's van bergen staal en van brand en chaos, en beknelde mensen. Van zestig doden. Roy werd apart genoemd in de verslagen van de ramp. Ze had die kranten nog ergens. Veilig opgeborgen, net als alles uit die periode.

Ze moest opstaan, ze moest naar het ziekenhuis, de jongens wachtten, Matteous ook misschien, ze moest haar armen en benen bewegen, weg van haar oude, dode schijnwereld, de gedroomde. Van Roy, haar man.

4 Juni, Emma was negenentwintig geworden. Kate

vroeg zich een vluchtig moment af of ze haar verjaardag daar zou vieren en hoe dan wel. De verduistering kon eraf, de zon kwam op en over niet al te lange tijd zou het ruisen beginnen op Earls Court Road waar bussen langs het huis van Matteous reden. Vogels gingen zingen, een tuinman zou harken tot in de middag. Onwillekeurig hield Kate rekening met een bombardement, al was het al meer dan twee weken rustig geweest. Ze zette een grote emmer met water in de keuken. Symbolisch signaal dat ze paraat was, het vuistje van een mug tegen een olifant.

Toen ze bij hem aanbelde hoorde ze lange tijd niets. Geen geluid van voeten over de vloer, of gekuch of gefluister desnoods, er was niemand. Ze belde opnieuw, langer en harder. Weer klonk alleen stilte, de deur bleef dicht. Ze deed een aantal passen tot aan de rand van de stoep en keek omhoog. Hij stond in de schaduw, zo ver mogelijk van het raam af. In een bijna verstarde houding, roerloos, het donkere hoofd met een streep zon erop. Zo had ze hem zien staan toen ze hem uit de ziekenzaal meenam. Hij leek haar niet op te merken, hij was niet thuis, de bel had niet geklonken, het alarmerend gebel dat niet genegeerd kon worden, hoorde hij niet. Kate's eerste impuls was roepen en zwaaien, maar ze deed het niet. Ze voelde direct spijt dat ze hem had opgezocht en gestoord. Hij oefende zich in het er niet zijn, hij stond in de houding van een soldaat die gesneuveld was, maar dat zelf nog niet wist. De seconden vlak voor het vallen, de kogels al overal in het lichaam. Onzin natuurlijk, ze beeldde het zich in, fantasie op niks af, een slechte film. Wat ze zag, kon ze niet zien. Hij stond gewoon. Staan was zijn tweede natuur geworden. Klaar staan, op wacht, in de eindeloze exercities van het peloton, altijd maar in het gelid. Meer dan dat was het niet, ze moest er niets uit concluderen. Ze zou hem niet storen.

Kate begon te lopen naar de halte voor de bus richting Richmond Royal Hospital. De kreet hoog uit het raam bereikte haar gemakkelijk.

'Miss!'

Dwingender kon niet. Ze keerde zich om en zwaaide naar Matteous, die uit het raam hing en haar wenkte.

In de kamer stond z'n koffer nog net zo, het bed was niet opengeslagen, alles was zoals ze hem gisteren had achtergelaten. Alsof er geen nacht voorbij was gegaan, alsof hij zijn plaats niet verlaten had. Je hoeft niet te verduisteren als je geen licht aandoet. Alles safe, alles volgens de regels in orde, de kamer in duisternis gehuld en voor de vijand onvindbaar. Kate vroeg hem niets, ze ging zitten in de enige stoel. Matteous bleef staan. Zijn ogen waren donkerder dan ooit, het wit ervan was bijna grijs. Hij boog zijn hoofd een beetje en probeerde een zin. En nog een. Zijn Engels klonk alsof hij over een wiebelende hangbrug liep. Zijn handen ondersteunden zijn woorden, zijn lichaam bewoog hij heen en weer. Of Miss dacht dat hij terug zou kunnen naar Congo? In het leger waren ze hem kennelijk vergeten. Wat zou het de Belgische regering in ballingschap ook kunnen schelen of er een gewonde Congolees in Londen rondliep. Hij wilde zijn moeder zoeken. Zijn moeder. Het hoge woord waar hij omheen had geleefd, al maanden, al jaren. Zijn moeder die ze hadden meegenomen en die misschien niet dood was. Die hij had moeten achterlaten toen hij wegrende op bevel van zijn vader. Watervlug was hij geweest, snel als een reebok.

Kate legde haar hand op zijn mouw, ze zei 'natuurlijk' hoewel ze geen idee had of zoiets mogelijk was. Een soldaat die uit het ziekenhuis was ontslagen omdat er plaatsgemaakt moest worden voor nieuwe gewonden, betekende dat dan dat hij ook ontslagen was uit het leger? Waarschijnlijk niet, maar ze wilde er niet eens over nadenken. Matteous' vijand was een totaal andere dan die van iedereen. Hij had gevochten zonder enig idee tegen wie dat was. Opgeroepen in een oorlog van vreemden tegen vreemden, in een strijd waarvan hij de oorsprong niet kende en de zin niet doorzag. Hij had het leger opgezocht omdat hij zijn familie kwijt was, omdat hij ergens heen moest om niet dood te gaan van heimwee. En de officier had hij gered omdat hij niet nog een keer de jungle in wilde vluchten. Eindelijk sterk genoeg om iemand op zijn schouders te dragen, weg uit de frontlinie en het verderf, zonder angst. Kate hoorde in de brokstukken Frans, Engels en Swahili het verdriet om zijn moeder. Een onhoudbaar groot verdriet. Ze nam zijn hand, legde haar andere eromheen, hield de drie handen even tegen zich aan, op de manier waarop hij zelf altijd groette. De donkere hand, het donkere gezicht zo vlakbij.

7

Carl zong haar toe met een lief Duits verjaardagsliedje, hij omhelsde haar, schoof de gordijnen opzij en zette het raam open. De vogels namen de rest van het zingen voor hun rekening, zei hij. Het werd warm, een betere dag om jarig te zijn was niet mogelijk. 's Avonds zouden ze komen, twintig man sterk. Iedereen nam iets mee voor het eten, en zeker ook voor het drinken.

Carl ging later weg dan normaal. De avond tevoren hadden ze weer tot laat zitten praten en zich eindeloos afgevraagd wat de Gestapo wist en niet wist. Emma maakte zich in toenemende mate zorgen om haar vader, en sinds haar bekentenis was Carl steeds nerveuzer geworden over Emma, al probeerde hij dat niet te laten merken. Voortdurend moest hij een lichte vorm van paniek onderdrukken. Er was een rapport, er werd over haar nagedacht. En dus over hem, en over Trott. Hand in hand waren ze in slaap gevallen, moe gegist en moe geredeneerd.

Emma liep mee naar het hek, en keek hoe Carl de

laan uitliep, hun dorpse laan in een buitenwijk van het geweld. Waar hij naar toe reed was het onvoorstelbare toneel van de misdaad, gratis voorstelling, de hele dag door. Ze kon zich er niet op concentreren, het was te groot. De gebeurtenissen ontsnapten haar, ze rook de voorjaarstuinen om zich heen, ze kon Carl in gedachten al niet meer volgen zodra hij uit zicht was, de trein in, Dahlem uit, het centrum tegemoet. Ze wilde zijn lichaam waarin ze zich genesteld had niet verlaten. Maar dat was een droom, zoiets kon je wel willen maar dat lukte niet. Hij liep daar weg, los van haar, was al verdiept in wat hij op zijn kantoor zou aantreffen. Af en toe zou er misschien nog een gedachte zijn aan hoe ze hem had omhelsd. En had gezucht dat ze oud werd, negenentwintig, Carl, negenentwintig, vind je me niet oud? De wereld was oud, had hij gezegd, niet jij.

Ze moest het huis opruimen, nu eindelijk die koffer eens leegmaken die al twee dagen de gang versperde, naar de paar winkels gaan waar ze nog wat in voorraad hadden, de tafel dekken voor twintig mensen. Alsof er niets aan de hand was, alsof het de gewoonste zaak van de wereld was om een verjaardag te vieren. Kome wat komt. Ja, twintig man dus. Hun vrienden uit Dahlem, een paar uit Zehlendorf, een paar uit het centrum, en zelfs iemand uit Potsdam. Die zou blijven slapen. Misschien deden ze dat wel allemaal, als er luchtalarm kwam. Ze had de verwoestingen gezien vanuit de auto waarin ze naar de Albrechtstrasse was gebracht. Hele straten lagen in puin. Na een tijdje was ze iedere oriëntatie verloren, terwijl ze de stad toch goed kende. Bijna drie jaar had ze er gestudeerd, van augustus 1931 tot 12 juni 1933, de dag van haar laatste examen. Ze was geen dag langer gebleven. Een paar weken voordat ze afstudeerde, had ze op de Opernplatz met wat studiegenoten versteend staan kijken naar het verbranden van boeken. De springende en schreeuwende SA-mannen waren als wolven op de stapels aangevallen, ze keilden ze als discuswerpers het vuur in. Het was alsof ze een massa-executie bijwoonde, een moordpartij op afstand. Waar ze boeken verbranden, verbranden ze uiteindelijk ook mensen: de les van Heinrich Heine, wiens werk die avond ook in de vlammen werd gedonderd. Haar studie aan de historische faculteit was haar gemakkelijk afgegaan. 'Als je wilt studeren en geschiedenis aan den lijve ondervinden, moet je naar Berlijn,' had men haar in Holland aangeraden. Dat was niet ver bezijden de waarheid geweest. De ramen van de collegezalen aan Unter den Linden rinkelden van de demonstraties en parades en charges en contracharges. Wie naar buiten keek, zag de geschiedenisboeken geschreven worden. Wie de professoren geloofde, hoorde hoe een rijk van duizend jaar in de steigers werd gezet.

De autorit, ze had hem in gedachten al tientallen malen overgedaan. Een ritje van niks, hooguit een half uur, maar goed voor een flink aantal slapeloze nachten. De twee Gestapo-mannen, jongens nog eigenlijk, hadden zwijgend naast en voor haar gezeten. Ze keken haar niet aan, vroegen haar niets, ze zagen eruit alsof ze zo uit een winkel kwamen waar je Gestapospullen kon kopen. Met jassen die glommen, riemen die glommen, schoenen die glommen, pistolen die glommen. Daar stond tegenover dat hun autootje oud was en naar sigaretten stonk. De chauffeur vond het kennelijk stoer om de bochten scherp te nemen. Emma moest zich telkens vastgrijpen en raakte soms de arm van haar begeleider aan. Dahlems lanen leenden zich goed voor het bochtenwerk. Falkenried, links In der Halde, rechts Am Hirschsprung, hop rechts de Dohnenstieg op. Zouden ze expres de Dohnenstieg hebben genomen, zouden ze geweten hebben dat Himmlers huis daar stond? Even langs de baas scheuren? Ze kenden de weg precies, reden binnendoor en kwamen op de Lentzeallee uit. *Full speed* naar hun rovershol.

Emma voelde zich opgepakt als een misdadiger, al deed ze of ze naar een afspraak werd gebracht. Deze jongens zouden niets aan haar merken. Ze tuurde belangstellend uit het raampje, keek eens achterom, draaide haar hoofd van links naar rechts, klapte haar tas eens rustig open. De gebaren van ontspanning, van een dagje uit. Van onmacht en angst, maar dat wist zij alleen. Ze moest haar opkomende paniek koste wat kost onder controle houden. Onbegrijpelijk hoe de stad alweer functioneerde na de reeks zware bombardementen, alsof er niets gebeurd was. Het verkeer even druk als altijd, bussen, trams, karren, auto's en onbestemde stromen mensen op de trottoirs. Ze zag een klok op de Potsdamer Platz, waar ze vroeger niet ver vandaan woonde. Hij was nog intact, wees kwart over elf aan. Detail van belang. De klokken liepen op tijd, alles draaide zonder haperen, treinen en trams gingen op schema, je werd van je bed gelicht op het voorgeschreven uur. De Gestapo was paraat, de motor was geolied. Zij diende kennelijk om elf uur te worden opgehaald en om half twaalf binnengebracht.

'Emma Bielenberg-Verschuur, waar bevond u zich gisteren?'

De sombere man die het haar vroeg, deed zijn best om beleefd te zijn. Het soort beleefdheid dat ieder ogenblik kon omslaan in agressie. Een bokser leek hij, met een jasje aan, de armen vol spierballen, klaar om uit te halen.

'Met mijn man en zijn chef, de heer Adam von Trott van Buitenlandse Zaken, in Genève. Maar waarom vraagt u dat en waarom ben ik hier. Ik zou graag mijn man willen bellen.'

De man tegenover haar zweeg. Van een verhoor leek geen sprake, het was meer een opeenstapeling van stiltes, een enkele korte vraag, een meesmuilend kijken, een zucht, een sigaret die opgestoken werd, een vermoeid gebaar, een onophoudelijk tikken van een voet op de grond.

Emma keek langs de man heen in een binnenplaatsje, meer een koker eigenlijk, waar vaal licht in viel. Zo'n intrieste ruimte, die door de architect vergeten was, een gat dat nergens voor diende, alleen om de verlatenheid te vergroten voor wie daar gevoelig voor was. De stilte en de grauwheid in het gebouw begonnen haar te benauwen. Langzaam maar zeker voelde ze de angst terugkomen. Iedereen in Duitsland kende dit adres waar zij nu was, iedereen vermeed deze straat. De stoepen eromheen waren leeg, de dreiging straalde van het gebouw af. Hoe kwam ze hier in godsnaam weer uit, hoe moest ze zich gedragen? Ze dwong zich aan haar vader te denken en dat maakte haar rustiger. Het was om hem te doen, had ze al bij de eerste vraag begrepen, gelukkig niet om Carl of Adam. Nog niet. Haar vader zat voorlopig veilig in Zwitserland. Dat hij dus zo belangrijk was dat ze hem lieten schaduwen, besefte ze nu pas. Haar vader, die ze bewonderde en liefhad, maar nooit echt helemaal begreep. Het wonderlijke huwelijk van haar ouders intrigeerde haar bij tijd en wijle hevig, maar doorgronden deed ze het niet. Harmonieus meestal, ontvankelijk, spits, grappig, maar aan de randen was het eenzaam, ze leken allebei min of meer ontheemd of ontstegen aan elkaar.

'Wat doet uw vader in Zwitserland?' vroeg somberman op een toon alsof hij het antwoord bij voorbaat al niet geloofde.

Ze zei kortaf dat hij een baan had bij het Nederlandse Gezantschap in Bern en dat ze verder niet precies wist wat hij deed. 'Mijn vader praat nooit veel over zijn werk.'

De man glimlachte duister. Dat zou hij zelf thuis ook wel niet doen, dacht Emma met een plotseling opkomende grimmige vrolijkheid. De angst week weer, ze moest zien weg te komen uit dit oord en wel snel.

Ze hadden haar twee uur laten wachten in een soort keukentje annex garderobe, zonder dat iemand naar haar had omgekeken. Mensen liepen in en uit, haalden koffie, hingen hun jas op en negeerden haar volledig. En daar, in dat miezerige hokje, was ze met terugwerkende kracht vervuld geraakt van Watse, haar dierbaarste vriend uit Holland. Watse Hepkema, met wie ze was opgegroeid en die een paar maanden eerder vermoord was door handlangers van deze lui. Watse, die ze zonder vorm van proces hadden doodgeschoten omdat hij zich had verzet. Hier tussen deze muren voelde ze zijn dood, alsof hij zojuist in de kamer naast haar was terechtgesteld. Toen het bericht haar bereikt had, was ze dagenlang ontwricht geweest, het wilde niet doordringen. Hij had haar zo vaak gewaarschuwd dat ze weg moest uit die rotstad en uit dat rotland en dat ze Carl moest overtuigen dat hij daar niet hoorde. Watse had haar meer dan wie ook aan Holland gebonden en nu was hij er niet meer. De beelden kwamen terug. Watse, opgepakt en zogenaamd neergeschoten op de vlucht, niet lang na de Tocht van '41, die hij op ijshockeyschaatsen had uitgereden omdat zijn Noren gestolen waren. Noren waarmee hij iedereen kon verslaan, sterk als een beer. Wanneer het waaide, ging hij vóór haar rijden. Hun laatste tocht over het Sneekermeer was haar sterk bijgebleven en de vraag die hij haar onverhoeds gesteld had, was blijven knagen: 'Is Carl nog in dienst van die schoften?' Ja, dat was hij. Langzaam, veel te langzaam, was ze zich gaan realiseren dat ze in de val zaten. Carl kon met geen mogelijkheid weg, hij kon niet emigreren of overlopen. Wie in Duitsland woonde, was verloren, wie met een Duitser was getrouwd, was een Duitse, een vrouw die werd gewantrouwd, die in eindeloze rijen moest staan, met een bon voor dit en een bon voor dat. Emma bleef onverminderd van Carl houden, maar haar isolement was hand over hand toegenomen. Iedere dag werd het sterker. Vrienden uit Holland begonnen te zwijgen, familie viel stil, alleen binnen de kring van Carl was beschutting. Duitsers. Schoften? Trott niet, Behndorf niet, Langbehn niet, Van Haeften niet, maar zoveel anderen wel. Was dat ministerie van Buitenlandse Zaken wel zo'n broedplaats van verzet, zoals Trott en Carl suggereerden? Ze geloofde het eigenlijk nog maar half. Watse's oordeel kwam vermoedelijk dichter in de buurt van de werkelijkheid.

Hij was een Fries en een schaatser zoals Emma geen tweede kende. Ze koesterde de tochten met hem over de toegevroren meren van Sneek en Gaastmeer, in de winter van 1938, toen ze oefenden voor de Elfstedentocht. Niemand voor hen uit, zwart ijs zo hard als marmer.

Ze was er speciaal voor overgekomen uit Berlijn. Carl had wel even geprotesteerd, maar ze had verteld hoe zij en Watse als kinderen bevriend waren geweest. Wanneer Emma haar vriendinnetjes moest opnoemen, stond Watse boven aan haar lijstje, zo'n vriendschap. Laat in december kreeg ze een telegram: 'Elfsteden ijs, overkomst dringend gewenst, Watse.' Ze kon Watse echt niet alleen laten schaatsen.

Ze was gegaan, drie maanden na het schijnakkoord van München, dat verkocht werd als vrede, maar de geur van oorlog had. Hoe moeilijk Emma het ook vond om Carl achter te laten, toch vond ze het heerlijk even bevrijd te zijn uit een bedreigde en dreigende stad.

Ze reden naast elkaar, de polders door richting Sneekermeer. Watse op Noren, Emma op doorlopers, waarop zij even elegant was als snel. De lage zon in hun ogen, bevroren riet in plukken langs de wal, een eendenwak, een brug, als in een dans op Sneek aan. Zelfde cadans, zelfde slag, zelfde stijl, al paste Watse zijn snelheid iets aan. Het eerste doel werd zonder eenmaal stoppen of aarzelen bereikt: Het Paviljoen, vlak aan het meer. Ze waren voor het raam gaan zitten dat uitkeek op het Sneekermeer, met in de verte de silhouetten van andere schaatsers tegen een strakblauwe lucht. Een lege Avercamp, een voorzichtige Schelfhout, schilders van eeuwig ijs. Watse had haar onderzoekend aangekeken, ze hadden elkaar lang niet gesproken.

'Hoe is het daar, Emma, kan je het volhouden? Is Carl nog in dienst van die schoften?'

Subtiliteit was nooit zijn handelsmerk geweest. Eerlijkheid wel. Een man van weinig woorden was hij, maar als hij sprak was het meestal raak.

Zijn woorden klonken als een pistoolschot. Toch wist Emma dat hij Carl waardeerde, hij had ze een keer opgezocht in Dahlem en Carl en hij waren het over veel dingen eens geweest. Carl had verteld over de pogingen van Trott en hemzelf om contact te leggen met wie ook maar tegen de nazi's was. Watse was zwijgzaam en bezorgd vertrokken.

'Weet je nog dat we in de Prinsentuin speelden en een jongen mij beetpakte en omgooide? Jij was er in een seconde bij. Je greep hem en duwde hem het water in. Je haalde hem er trouwens ook weer uit. Ik vond het, geloof ik, vrij gewoon, maar vanaf dat moment wist ik zeker dat me niets kon overkomen zolang jij er was. Als het te erg wordt komen Carl en ik bij je schuilen, goed?'

Emma lachte, legde haar hand op zijn trui: 'Dus hier blijven, Watse, en niet zo ernstig kijken.'

Later had die tocht over het ijs van het Sneekermeer de gloed gekregen van misschien wel de meest zorgeloze dag uit haar leven. Ze hadden geschaatst als nooit daarvoor, licht en snel, Watse en zij dicht bij elkaar, armen op de rug, de zon vlak boven het riet, de hemel als een helm over het land. De wereld was in ijs gegoten en helemaal van hen. Benen en voeten en wijde slagen en verder niets. Er stond nauwelijks wind, het ijs had grip, het gleed en was zonder scheuren. Ver in de middag, toen de zon bijna verdwenen was en over het land de donkerte begon op te stijgen, hielden ze stil en liepen met hun schaatsen in de hand naar een bushalte. Half vijf, ze hoorden de bus van een kilometer afstand aankomen. Weilanden in donkere vierkanten om hen heen, een duister dambord. De helverlichte bus dreef op ze toe, Watse stak een hand op, ze stapten in. Maar het was alsof niet zij instapten, maar alleen hun lichamen, ze waren weer kind en speelden op de Eewal, totdat mevrouw Hepkema ze binnenriep.

Somberman had haar ten slotte via een sluis met dubbele deuren meegenomen naar een iets grotere ruimte, die in eenvoud niet onderdeed voor de kleedkamer van een openbaar zwembad. Op de haken langs de muren hingen een paar uniformen, er stond een grijs metalen bureau met ervoor en erachter een houten stoel. Het was er muisstil, de sluisdeuren hielden ieder geluid tegen.

Na het stommetje spelen en de onbenullige eerste vragen had Emma langzaam het gevoel gekregen dat alle lucht uit de kamer werd gezogen. Weg hier, optreden nu. Ze stond op, keek de bokser strak aan en zei: 'Ik heb niets meer te zeggen. Mag ik u verzoeken mij te laten gaan, of wilt u anders meneer Trott opbellen bij Buitenlandse Zaken.'

Haar stem was hard, haast onverschillig, volkomen zeker van haar zaak.

Het tikken van de voet hield op, de sigaret werd gedoofd in de metalen asbak, het jasje strakgetrokken en de stoel naar achteren geschoven.

'Uw moeder...'

Van de weinige zinnen die het spook had gesproken was dat de zin die haar het meest bleef bezighouden. Een domme, vileine opmerking van een vies mannetje. Of zat er een bedoeling achter? Het had bijna als een beschuldiging geklonken, die moeder van haar die zo knap was. In Gestapo-ogen natuurlijk, dezelfde waarmee hij naar haar borsten had zitten kijken tijdens hun fijne onderhoud.

Toen ze eindelijk buiten stond, haar tas over haar schouder, merkte ze hoe koud ze het had in de warme straat. Het junilicht en de zomerwarmte waren abrupt afgekapt bij het binnengaan van dat gebouw. Een paar uur afzondering en verwarring en ondraaglijke lompheid hadden de wereld op z'n kop gezet. Ze begon de Prinz-Albrechtstrasse uit te lopen, en daarna te rennen. Even maar, ze hield er snel weer mee op omdat het veel te opvallend was, niemand rende zo. Ze hijgde, stopte en leunde tegen de muur van een winkel, tranen over haar wangen, om Watse, om Carl, om alles. Een voorbijganger keek haar bezorgd aan en vroeg of ze hulp nodig had, maar ze wuifde hem weg. Het was een zeldzaam gebaar van die man, op straat werd contact zoveel mogelijk vermeden. Tot aan het volgende bombardement, dan sloten de rijen zich en hielp men elkaar overeind.

Carl zou al wel in de ondergrondse zitten, bedacht Emma. Ze stond nog steeds doelloos tegen het tuinhek geleund, verdiept in wat ze inmiddels als haar ontvoering was gaan beschouwen. Op klaarlichte dag gekidnapt door een stelletje rotjongens en verhoord door een walgelijke proleet. Tegen Carl had ze gedaan alsof ze goed had geslapen. Ze had hem niet gezegd hoe sterk het verhoor en de tocht in de auto haar hadden aangegrepen. Hoe de zorg om haar vader met sprongen was toegenomen. Hoe het verlies van Watse haar plotseling opnieuw overvallen had. Ze wilde hem niet verder bezwaren met haar verhaal. Ze moest aan de avond denken. Zou ze wijn kunnen krijgen voor haar verjaardagsdiner? En wat moest ze in vredesnaam koken, ze had lang niet genoeg bonnen. Langzaam kwam Emma weer op gang. Het alledaagse nam de overhand, boodschappen doen, vooral dat. Hoe zou haar moeder zoiets aanpakken, twintig man te eten geven. Zij had daar ervaring mee. Bij haar ouders kwamen voortdurend mensen dineren. Gemengde gezelschappen van diplomaten, journalisten en halve en hele artiesten. Ze had haar moeder nooit echt zien genieten van al die aanloop. Als kind voelde ze al aan dat het haar vader was die dit allemaal bekokstoofde. Haar moeder deed wel mee, maar met de nodige reserve. Haar moeder, die knap bevonden werd door de heren Gestapi, zoals Carl ze altijd aanduidde. Dat haar vader in geheime zaken deed wist ze, al had ze geen idee gehad dat de nazi's hem overal lieten volgen, maar ze moesten haar moeder erbuiten laten. Die zat in Londen en ze waren toch niet zo idioot om een Duitse agent daar de gelaatstrekken van haar moeder te laten rapporteren. Het moest dus een oude aantekening betreffen, uit de tijd dat ze met elkaar geskied hadden. Maar dat was meer dan een jaar geleden. Werd hij toen al in de gaten gehouden? Alles verontrustte haar, ze wist niet welke kant ze uit moest denken. Terwijl ze juist helemaal niet wilde denken, ze wilde boodschappen doen, ze wilde in een domme, zwijgzame rij staan, de buurvrouw begroeten, de stoep vegen desnoods.

'Lieve gasten' – Carl was opgestaan, een glas in de hand. Het duurde nog even voordat iedereen stil was aan de lange tafel die voor- en achterkamer verbond. De twintig mannen en vrouwen zaten schouder aan schouder, wat een vastberaden indruk maakte; men zette zich schrap.

'Lieve gasten, welkom hier in huize overvloed. Het

is geweldig wat jullie allemaal hebben meegenomen. Ik tel twaalf omeletten, vijf sandwiches, twintig borden soep, zeven bakken sla, een komkommer, twee broden en twintig servetten, pas op, die zijn niet eetbaar.'

Carl speechte alsof het vrede was. De late zon scheen op de wijn die ingeschonken stond, klaar voor een toast op Emma.

'Mijn liefste Emma, op jou wil ik drinken, op een nieuw jaar met jou. Dat de oorlog voorbij mag gaan, dat we hier volgend jaar weer zullen mogen zitten.'

Glazen klonken tegen glazen, iedereen keek verrukt naar Emma en Carl, het leek wel een bruiloftsmaal. Hartje oorlog, hartje Duitsland, kon het waar zijn dat ze daar waren met de pretentie er niet te zijn? Emma nam onder tafel Carls hand even vast, ondergronds was hun leven, voor niemands ogen bestemd was hun liefde, buiten deze kamer en hun vrienden was alles verdacht geworden.

Aan de andere kant van Emma zat Adam Trott. Iedereen aan tafel kende elkaar goed, er was geen enkele twijfel, veiliger kon men zich niet voelen. Hij stond op en nam plechtig het woord. Adam, de onvermoeibare pendelaar tussen alle mogelijke tegenstanders van het regime. Een door de storm uiteengeslagen troep mensen die zich tot nader order schuilhield, en ondertussen droomde van de bevrijding.

Hij was een optimist, Adam. Emma bewonderde hem om wat ze via Carl van hem wist, maar meer nog om hoe hij was. Ze hoorde hem vertellen over het andere Duitsland waarin hij was grootgebracht, en waar hij zo intens naar terugverlangde. Het land dat hun was afgenomen, maar dat nog steeds bestond en spookte en smeulde als een brand in het veen. Met de hartstocht van een minnaar stookte hij hen op om dat land niet te vergeten en te verraden.

Zo sprak hij toch niet elke dag, zo onnavolgbaar en gedreven. Ze merkte dat hij allang niet meer tegen haar sprak, al was hij begonnen haar te feliciteren en te omarmen. Doodstil was het geworden. Adam verhief zijn stem niet, maar ieder woord stond onder stroom. Hij ontwierp het ideaal dat ze allemaal op dezelfde manier begrepen omdat ze het samen gemaakt hadden. En al pratend trok hij het doek weg van waar ze dagelijks onder te lijden hadden, hij onthulde de treurige staat waarin ze moesten leven. Het recht dat verdwenen was uit de rechtbanken, de compassie die was opgeschort, de verklikkerij die de norm was, de hoop en de liefde die nergens meer zichtbaar waren. Grote woorden, jazeker, pathetisch, naïef, onwerkbaar. Maar Adam sprak ze uit met een overtuiging waardoor ze er wel in móesten geloven. Schouder aan schouder, het glas omhoog, die vierde juni van 1941 was van een vreemde victorie, vooruitlopend op wat zou komen, ongetwijfeld zou komen.

De avond was volmaakt, zo'n avond had Emma niet eerder gekend in Duitsland. Adam werd toegeklapt, zijn ogen schitterden, hij zag eruit als een soldaat die was opgeroepen voor de dienst, en voor het eerst naar het front ging. En zo was het ook, hij wist zich een soldaat, maar aan een front waar niet werd geschoten. Op de ministeries in Berlijn was een onderlinge guerrilla aan de gang van administrateurs en klerken, diensten en subdiensten, spionnen en contraspionnen. Adam zat dagelijks in de houdgreep van Himmlers knechtjes.

Maar die avond van Emma's verjaardag, de tuinen van Dahlem nog warm van de dag, geen vliegtuig te horen, die avond was alles helder en doorzichtig. Voor even was ze verzoend met haar leven, met de lege dagen wanneer Carl weg was, met de wanhoop over de oorlog, het verlangen naar een normaal bestaan, kinderen, haar vader en moeder. Carl wist daar niet van, ze had hem nooit verteld over haar weerzin, ze had de waarschuwingen van Watse nooit herhaald tegen hem. Dit was het feest, dit was haar avond, glanzend en zonder wrok of angst. De radio ging aan, ze dansten, er waren een grammofoon en platen van verboden zangers. Waren de ramen dicht, en de gordijnen? Dansen op een vulkaan, hoe licht en zacht liepen hun voeten op een vloer van vuur. *Ich bin von Kopf bis Fuss.* Tot aan de eerste strepen zon van de volgende morgen.

8

Behalve Lara wist niemand dat hij naar Londen ging. Hij had de ambassade gemeld dat hij een paar dagen in de bergen was. Swissair B320 deed er ongeveer drie uur over om naar Lissabon te komen. Van daaruit moest hij een vliegtuig naar Engeland zien te krijgen, een helse toer, omdat er maar één vlucht per dag ging en er een overmaat aan prominenten bestond. Gelukkig deed de naam Desmond Morton wonderen. Op Lisboa Aeroporto deelde men hem onmiddellijk in voor een ingelaste vlucht de volgende avond.

Intussen was de tijd verstreken met een snelheid die Oscar steeds meer in het nauw bracht. Het had hem een week gekost voordat hij überhaupt met Morton contact had weten te maken, kostbare dagen waarin zijn informatie onbenut bleef. Wat een geluk dat hij maar één dag in Lissabon hoefde te wachten. Een vreemde, vergeten stad, Lissabon, en tegelijk een internationaal laboratorium voor spionnen en een klein paradijs voor diplomaten. Iedereen hield iedereen in de gaten, onder een bijna altijd stralende zon, in de Cidade da Luz, de stad van licht. Zou hij zijn vriend Van Oldenborgh opzoeken die er steun voor vluchtelingen organiseerde? Andere keer, het leek hem beter om geen aandacht te trekken. Ook de Nederlandse ambassade meed hij. De laatste maal dat hij er was geweest, had hij zich verschrikkelijk geërgerd aan de pedante houding van de gezant daar, de onmogelijke Sillem. De man stak geen poot uit naar allerlei aangespoelde landgenoten, en liet ze rustig aan hun lot over. Van Oldenborgh en hij verdroegen hem nauwelijks.

Oscar nam de tram omhoog naar Alfama, de oude wijk waar veel vissers woonden, midden in de stad. Van daar keek hij uit over de rivier, en luisterde hij naar het zingend praten van de Portugezen om hem heen. Hier en daar stonden palmen, hij kon zich in Afrika wanen, het was er Moors. Maar hij lette er niet op, zocht alleen de rust op en wat koelte, weg uit het centrum waar de hitte zwaarder drukte dan in de straatjes van Alfama. Het terras waar hij zat was bijna leeg. De zon scheen op het water van de Taag, die breed was als een zee en iets verderop uitmondde in de oceaan. Vrachtschepen voeren landinwaarts, vissersboten legden aan, loodsbootjes raceten met schuim om de boeg naar hun klanten, er ging een enkel zeilschip tussendoor. Wat hij zag liet hem volstrekt koud. Er leek een enorm doek neergelaten waarop alle bewegingen daar beneden op de rivier werden geprojecteerd, onecht, onnavoelbaar, een toverlantaarn van levenloze taferelen die niets met de werkelijkheid van doen hadden. Hij hoorde de zeemeeuwen, het slaan van kerkklokken af en toe, geroep van kinderen op straat, geluiden van een verloren tijd. Het voelde ongepast om daar te zitten, alsof hij gevlucht was. En dat was hij natuurlijk ook. Hij had er alles aan gedaan om Emma's bericht te onderdrukken, net te doen alsof het er niet was. Toen dat niet lukte, en hij inzag dat hij Morton moest waarschuwen, had hij een vlucht weten te boeken. Het had dagen geduurd voor het zover was. De arm van Morton was lang, maar Zwitserland was zelfs voor hem een harde noot om te kraken; in Portugal had hij kennelijk meer invloed.

Intussen beheerste Lara hem nu drie maanden, zonder onderbreking. Beheersen was niet het goede woord, dat was te gewoon. Zij hield hem omvat zonder hem aan te raken, ze stookte het warm in alle kamers van zijn lichaam. Ook dat was nog armoedig gezegd, dat kwam zo uit een verouderd sprookjesboek voor geliefden, het leek nergens naar. Hij probeerde het in zijn gedachten opnieuw en opnieuw, maar het lukte hem niet om zijn gedroomde leven met Lara te omschrijven. Hoe ze keek, bewoog, praatte, zweeg, hem iets vroeg – hij was de eigenaar geworden van een pakhuis aan gebaren en woorden, hij was een stapelplaats van onbewerkte en onverwerkte gevoelens. Ze bracht hem terug naar de tijd van vóór zijn vaders dood, naar de ongeschonden jaren. Ze was een wonderlijk verre echo van het meisje dat hem in een grondeloos verleden op zijn mond gezoend had, en er leven in geblazen.

Herinneringen aan hun eerste dagen liepen kriskras door elkaar. Het was niet meer opgehouden na die dag in café Eiger en na hun wandeling de volgende ochtend – vanaf tien uur had ze gezegd, om tien uur was hij er geweest.

'Hallo Oscar, wat een extreem verschil met gisteren, hè.' De zon was nog niet boven de Jungfrau uit, in de donkerblauwe lucht stond de berg bijna schril te kijk. Obers waren bezig het terras schoon te scheppen en het te ommuren met sneeuw. Een paar gasten zat te ontbijten met jassen aan, wachtend op de zon die ieder moment zou verschijnen.

'Duitsers,' mompelde Lara, 'in alles fanaat.'

Oscar bekeek de anderen achterdochtig, altijd op z'n hoede. Maar dit stelletje leek ongevaarlijk. De man en de vrouw waren veel te opvallend gekleed, en bovendien had hij pas twee dagen eerder onverwacht besloten om te gaan skiën, dus die twee waren niet daar om hem. Maar moest hij niet op de ambassade navraag doen naar Lara? Onzinnige gedachte, beroepsdeformatie, hij verwierp het idee onmiddellijk en schaamde zich er bijna voor.

'Zullen we naar Kleine Scheidegg lopen?' Hij had het achteloos gezegd alsof het al was afgesproken. Opnieuw bij haar te gaan zitten aan een tafeltje vond hij ongemakkelijk. De dag ervoor was de langste dag uit zijn leven geweest aan een cafétafel. Met een marathon aan indrukken, toenemend bevangen door de vrouw zo vlak bij hem, die uit de besneeuwde lucht was komen vallen als een valk op een veldmuis.

Lara van Oosten, eenenveertig jaar, met een leven waarvan ze zei dat het voorbij leek. Geen kinderen, een vriend van wie ze ooit gehouden had, maar van wie ze niet wist waar hij zat. Misschien was hij dood, hoogstwaarschijnlijk eigenlijk, in ieder geval was hij verdwenen. Haar verhaal, en alle verhalen daarna. Het verlangen dat zij opriep, een verlangen dat hij niet meer gekend had sinds hij een jongen was, boeken ging lezen en gedichten, een duizeling aan mogelijkheden ontdekte, het meisje leerde kennen dat hem weggehaald had uit een leven dat tot dan toe rustig stroomde langs gebaande wegen. Nu, op zijn zesenvijftigste, was hij opnieuw in volle zee geraakt.

Hij had de laatste honderd meter terug naar haar hotel haar hand vastgehouden, want het was daar glad, ze zou kunnen uitglijden. Honderd meter haar hand in de zijne. Teruggebracht tot de kern was het haar hand die hem sinds dat moment niet meer losliet. Hij had haar op het terras van Hotel Jungfrau achtergelaten. Bij het weggaan had hij haar handschoen uitgedaan, haar warme hand tegen zijn wang gelegd. Omhelzing op klein formaat, met grote gevolgen. Naakt was minder intiem geweest.

De wandeling van Hotel Jungfrau naar Kleine Scheidegg was niet steil, voor bergbeklimmers een vorm van uitrusten, maar Lara en Oscar hadden voorzichtig gelopen, langzaam, alsof ze op iets wachtten. Ze hadden vaak stilgestaan. Een korte knal komend van de kant van de berg was de echo van een kleine lawine. Ze zagen hem als in slow motion op hen toe rollen, onschuldig ver weg, in een landschap dat door lawines gevormd was.

Ineens wees zij hem op een groep gemzen hoog op de flank van de Jungfrau.

'Waren het gemzen waar je met je verrekijker naar keek?'

Ze lachte en legde even haar hand op z'n mouw.

'Wat ben je toch nieuwsgierig. Nee, daar keek ik niet naar, want ze waren er niet. Ik zocht naar klimmers die ergens moesten zijn. Ik had ze gesproken in het dorp. Eén van hen deed me denken aan Harold.'

Ze had hem verteld over Harold, de man die ze verloren had, aan wie of wat kon ze niet precies zeggen. De jaren met hem samen waren groots geweest en avontuurlijk. En eindigden even abrupt als ze waren begonnen. Drie jaar geleden had ze van hem bericht gekregen dat hij niet meer naar Zwitserland zou terugkeren. Ze werkten allebei in Bazel, hij was plotseling weggeroepen. Hij was petrochemicus, zij was verbonden aan de universiteit, ze woonden niet bij elkaar en waren niet getrouwd geweest. Maar hij was niettemin haar houvast te midden van al die Zwitsers. Hij had geschreven dat hij dienst had genomen in het leger, *special branch*, meer wilde hij niet kwijt. Als Engelsman kon hij het beroep dat ze op hem deden niet weigeren. Hij had haar gevraagd de huur van zijn flat op te zeggen en zijn meubels te verkopen, het geld moest ze houden.

'Op gezette tijden droom ik van hem, altijd dezelfde droom. Dat hij onverwacht voor me staat en dan wil ik tegen hem schreeuwen, maar er komt geen geluid uit m'n mond.'

Oscar moest denken aan Kate, die dezelfde woorden had gebruikt over de jaren met Roy, haar eerste man: groots en avontuurlijk. Veel meer had ze er niet over losgelaten. En daardoor waren die jaren mythisch geworden, de oertijd van Kate en haar man, in de gouden episode van de twintigste eeuw. Daarna kwam er met hem, Oscar, een leven in de maat, een leven van agendavoering en diners en van wachten, een onbestemd wachten. Op een nieuwe standplaats, op Emma, op berichten uit een wereld op drift. Berlijn was het keerpunt geweest. Kate had zich losgemaakt van conventie en verwachtingen, en was operatieassistente geworden in het Charlottenburg-ziekenhuis. Daar werd de voortschrijdende waanzin per ambulance en brancard binnengebracht: steekwonden, schotwonden, breuken, verbrijzelde armen en benen, bebloede koppen. Een onafzienbare rij onzalige slachtoffers van straatgeweld, van de schoften tegen de joden of de communisten. Kate had beter geweten dan alle diplomaten aan haar tafel hoe de situatie ervoor stond, hoe ver de haat al was gevorderd.

Hoe laat was het? In z'n stoel op het subtropisch terras had Oscar de middag voorbij laten gaan, de tijd had er niet veel betekenis, de siësta hief ieder gevoel van urgentie op. Hij voegde zich moeiteloos in het trage ritme van een Portugese dag. Hij betaalde en wandelde naar de tramhalte. Alfama ontwaakte uit een diepe middagslaap, deuren gingen open, er werd geroepen en gelachen en uit een radio hoorde hij fadogezang, de nationale trots. Hij vond het niet sterk, een verkeerd begrepen weemoed. Ooit had hij, tijdens een avond met ambassadeur Sillem en diens mensen uitentreuren moeten luisteren naar dat geklaag en gesleep. Maar Lissabon vond hij een verademing vergeleken bij Bern. De lichte stad met de geur van zout water, de pleinen met palmbomen, mannen met de armen om elkaar heen, gesticulerend, de vrouwen zoveel kleurrijker. En nergens oorlog, nergens echte dreiging. Een lapje land aan de rand van het continent, over het hoofd gezien. Overal in Europa gingen 's avonds de lichten uit, maar niet daar. Portugal was een vuurtoren in een verduisterd landschap.

De tram naar beneden deed er langer over dan de tram op de heenweg. Veel meer mensen stapten in en uit, traag en zomers gingen ze op het centrum af.

Even traag was de tandradtrein uit het dorp omlaaggegaan naar Lauterbrunnen, tastend over het spoorbaantje, op weg naar het dal, naar het overstapstation en de gewone trein, hun gewone leven. Naar het afscheid. Hij zat tegenover Lara, zijn koffer leunde tegen de hare. Het gaf hem het merkwaardige gevoel dat hij er een vorm van nabijheid mee opwekte. Koffer tegen koffer, hand in hand, het scheelde niet veel. De gedachte aan haar kleren, opgevouwen in haar bagage, was al aangenaam. Hun knieën raakten elkaar soms even, de coupé was klein en de rit ging steil naar beneden. Praten deden ze niet, ze hadden naar buiten gekeken, zagen niets dan dennebomen topzwaar van sneeuw. In de spiegeling van de ruit had Oscar zichzelf en Lara zien zitten in de verlichte wagen, hun gezichten van elkaar afgewend en stil. Twee dagen is niks op een heel leven, die kunnen niet veel te betekenen hebben.

Een conducteur stapte soepel over van de ene wagon op de volgende. Hij stond een moment buiten op een looprooster, opende en sloot de deurtjes voor en achter zich, een kleine acrobaat in dienst van de kaartcontrole. Al rijdend overstappen naar een ander compartiment met andere passagiers met een andere bestemming, en toch altijd in dezelfde trein met een slakkegang op weg. De oorlog sloop op kousevoeten naderbij, al deden ze hun best hem buiten te sluiten en zwegen ze erover.

In Lauterbrunnen was de wereld weer begonnen. Oscar zag uniformen op het perron, de Zwitsers hadden een enorm mobiel en paraat leger. Generaal Guisan, wiens portret in alle restaurants en cafés hing, had aan iedereen die het horen wilde laten weten dat Zwitserland tot de tanden bewapend was. En zich zou verdedigen tegen elke aanvaller, hoe die ook heette. Guisan was een heimelijke bewonderaar van Duitsland, Oscar moest niets van hem hebben.

Ze stapten over en verkasten als het ware in dezelfde opstelling richting Bern. De coupés waren overvol geraakt, sigaretterook zette alles in een zachte nevel. Drie uur nog waren ze verwikkeld geweest in ijle gesprekken, afwachtender dan in de bergen misschien, maar niet minder intensief. Langs de Thunersee, waar het water bijna de wielen raakte, had ze af en toe naar iets langs de rand van het meer gewezen, naar een zeilboot die rustig uitvoer, winter of geen winter, het zeil hagelwit in de zon. Naar de normale dingen, waarover niets te zeggen viel.

Hij had zich afgevraagd of hij haar niet te veel over zichzelf had verteld. Zelfs Dick had hij ter sprake gebracht, de broer die al jaren eerder Nederland had verlaten, en die hij miste. Het heimwee naar de tijd waarin ze samen een onaantastbare eenheid vormden, ook Kate wist daar eigenlijk niets van. Twee musketiers. Voor en achter gedekt, geen flank onbeschermd. Zo hadden ze de vroege dood van hun vader doorstaan, en hun moeder in de overmoed van hun jaren mee opgetild. Zijn broer was zeventien, hij achttien toen.

Oscar had zijn natuurlijke gereserveerdheid afgelegd, al had hij het onderwerp werk grotendeels weten te vermijden. Iets voor de ambassade, verder niet interessant. Lara had hem een tikje ironisch aangekeken toen hij zo wegwerperig over zijn baan sprak, maar was er niet op doorgegaan. Waarom had hij zo openhartig met haar gepraat, twee dagen lang, waarom was hij zo onverhoeds en onvoorwaardelijk door haar aangetrokken? Zinloze vraag natuurlijk. Je kon geen codekraker van je eigen ziel zijn. Oscar had de vraag even snel verworpen als hij was opgekomen.

'Vind je het goed als ik je in Fribourg kom opzoeken?' had hij vlak voor station Bern gevraagd.

Ze knikte, tikte op de doos waar haar verrekijker in zat: 'Ik kijk naar je uit.'

Toen hij het perron afliep naar de uitgang, was de trein rakelings langs hem gereden. Hij zag haar door het raampje zitten, de doos tegen zich aan, onbewegelijk, haar ogen dicht.

'Eindpunt, *senhor*, we gaan niet verder.' Oscar verliet de tram en wandelde langzaam het Rossioplein over. Zelfs zo laat in de middag was de warmte nog aanzienlijk. Hij had moeite zich te oriënteren, bleef staan, keek om zich heen, zocht in z'n jasje naar een kaart van de stad. Iedere kant op was goed, bedacht hij toen.

9

De bel die door het huis klonk, herkende ze niet direct. Er werd nooit aangebeld. Kate realiseerde zich dat ze open moest doen. Terwijl ze naar de deur liep, hoorde ze zacht fluiten, en geschuifel.

'Hallo, Miss,' Matteous sprak het zo verlegen uit. Ze smolt. Iedere keer opnieuw kon ze het nauwelijks verdragen wanneer hij zoiets zei en haar onbeholpen aankeek. Hij was werkelijk naar haar huis gekomen. Ze had niet de indruk gekregen dat hij op haar uitnodiging zou ingaan.

'Matteous, kom binnen, wat goed dat je er bent.' Ze wilde niet overenthousiast doen, bang hem af te schrikken, maar ze kon haar blijdschap over zijn komst niet verbergen. Voor de zekerheid had ze hem uitgelegd waar Barkston Gardens was, en op een papier het adres geschreven en het telefoonnummer. Hij hield het in zijn hand, legde het toen voor haar neer en zei: 'Ik kan niet lezen, Miss, en niet schrijven', op een toon alsof hij een misdaad bekende.

Kate wist niet hoe snel ze het papier moest wegstoppen. Hoe had ze zo stupide kunnen zijn. In het ziekenhuis was het nooit ter sprake gekomen, maar natuurlijk kon hij dat niet, waarom zou hij. Zijn verlegenheid sloeg op haar over, en minutenlang zochten ze naar een nieuw evenwicht.

'Het liefste wat ik wil is dat ik ooit zelf een brief kan schrijven, Miss. Die ik dan naar een krant kan sturen, of naar een radiostation. Ik heb wel eens gehoord dat je zo misschien je familie kan bereiken.'

Een zwarte jongen uit een Afrikaans oerwoud. Analfabeet in een wereld die vergeven is van geschreven woorden. Het kon niet anders of daar werd je zwijgzaam van, sprakeloos, verlegen, volkomen onmachtig.

Matteous vroeg haar om hem te leren schrijven, besefte ze. Een brief waarin zou staan wat hij al die jaren had gedacht en beleefd. Een brief om zijn leven te begrijpen, een brief naar huis, naar zijn moeder, stelde Kate zich voor. Schrijven, woorden op zo'n manier op hun plaats zetten dat ze uitdrukten wat hij zijn moeder wilde vertellen, al moest hij vermoeden dat zij een brief niet zou kunnen lezen. Maar iemand kon hem voorlezen. En ze zag haar voor zich, hoe Matteous' moeder luisterde naar wat hij geschreven had. Een brief als een muziekstuk, een Congolese dans, een gebed om regen, of een lied bij de dood. 'Ze zal toch niet meer leven, toch Miss' – had hij de vorige dag gezegd, half vragend, half constaterend.

Kate vroeg of hij iets wilde eten of drinken, ze had het idee dat hij altijd honger of dorst had. Ze kon het niet laten om het te vragen en hij zei ja om geen nee te hoeven zeggen. 'Nee' was een woord dat hij met moeite uitsprak, op de rand als het was van onvriendelijkheid en belediging. Hij droeg een oude trui van Oscar die ze hem had gegeven, en een zwarte legerbroek uit het ziekenhuis. Matteous was heel omzichtig met haar geweest, zijn toenadering bijna onmerkbaar, of hij een dier besloop, zo stil. Nu riep hij haar te hulp. Leer me schrijven, dan kan ik weer naar huis.

Kate liep naar de keuken, zette thee, pakte een schaal met koekjes die ze zelf had gebakken en bracht alles op een blad naar het balkon.

'Kom mee, we gaan buiten zitten.'

Twee stoelen en een tafeltje en het balkon was vol. Matteous bleef staan en wachtte tot Kate zat. Hij nam pas een stoel toen ze erop aandrong. Na een tijdje zei ze dat ze hem graag les wilde geven, zolang als hij wilde, zolang als hij in Engeland kon blijven. En of hij dat goed vond. En dat hij ooit die brief zou schrijven, wat er ook gebeurde, dat beloofde ze hem.

Dat iemand zo geruisloos kon huilen, wist ze niet. Het was geen gewoon huilen, zijn gezicht veranderde niet, het leek zelfs of hij een beetje glimlachte. De tranen liepen uit zijn ogen alsof het zo hoorde. Ze vielen recht naar beneden, in stroompjes langs zijn kaken. Hij probeerde ze niet te stoppen, zat met zijn hoofd rechtop, handen op de leuningen van zijn stoel en draaide zich rustig naar haar toe. Ze keek terug, deed niets. Geen poging om hem te troosten of zijn hand te pakken. Ze maakte geen enkele beweging die hem zou kunnen hinderen. Ze zag de soldaat, de jongen in het bos, de man op reis, de gewonde in bed. Ze zag de zoon van een verdwenen moeder.

En wat hij al een paar keer in halve zinnen had aangeduid, kwam nu met horten en stoten op gang.

'Ze waren er ineens, Miss, ze sprongen de huizen binnen en sloegen iedereen dood die ze tegenkwamen. Mijn vader riep tegen me dat ik het bos in moest rennen, "niet omkijken, Matteous, niet omkijken". Ik rende, maar ik keek toch om en zag hem staan, een paar mannen om hem heen, bijlen omhoog.'

Hij was terechtgekomen in het oerwoud, waar hij met een groepje kinderen dagen had gezworven, weg van hun dorp, weg van wat daar gebeurd was. Zeven jaar oud was hij misschien geweest. Veel wist hij niet meer, het verschrikkelijkste was weggespoeld. Hoe hij ten slotte in Elisabethville was beland, kon hij zich niet herinneren. Wie hem had geholpen, eten gegeven, hoe hij levend uit dat bos was gekomen, het was een donkere plek in zijn geheugen. De sprongen in de tijd die hij maakte, waren enorm. Zeven jaar was hij en dan weer ongeveer zeventien, zo zat hij te spelen in zijn dorp, en zo danste hij in de danspaleizen van de stad. Elisabethville. Hij sprak de naam uit en het klonk breekbaar, met de klank van weemoed erin en van een zekere afkeer, voor wie het horen wilde. Kate. Zij hoorde alles, zo had hij tot nog toe nooit gesproken. Tussen heimwee en weerzin, in rafels en randen, een verhaal dat geen eind had en geen begin. Hij zocht naar alle kanten een uitweg, brak af, begon opnieuw. Zijn jeugd, zijn jaren in de mijnen van Elisabethville, daglicht dat hij alleen op zondag zag. Hij had gedaan wat iedereen deed: zo min mogelijk opvallen. Het waren jaren van verharding en ontkenning. Jaren van een langzame voorbereiding op, ja, op wat eigenlijk. Matteous zocht naar woorden. En wat hij de dag tevoren verzwegen had, kwam nu vanzelf. Dat de redding van de officier geen kwestie van moed was geweest, maar eerder van wanhoop. Hij verwachtte tegen een kogel aan te lopen, of een mes, een bajonet in zijn hals, *killed in action*. Hij had toch niemand meer, ze waren allemaal dood en verdwenen. En toen de kogels insloegen, was hij bijna blij geweest. Dit was zijn uur, nu ging hij alles vergeten. Het lichaam van de officier over zijn schouder was niet zwaar geweest, hij had de man gedragen zoals een vader zijn kind. Rennen, Matteous, niet omkijken, de dekking in, het ondoordringbare bos, het donker tegemoet waar niets meer is.

Maar hij was erdoor gekomen, of hij wilde of niet. De officier, de ondoorgrondelijke witte man, met zijn handschoenen en zijn horloge en zijn mooie schoenen, had hem bedankt en bezworen dat hij zou blijven leven. Matteous had hem nog voorzichtig neergelegd en was op hetzelfde moment in elkaar gezakt, de pijn verspreidde zich plotseling onhoudbaar. Zo waren ze weggedragen, naast elkaar op smalle brancards, buiten bereik van de vijand, of van de dood althans. Hij had de Belg nooit meer gezien.

Ze hadden hem naar Londen afgevoerd om redenen die hij niet begreep – naar de regering in ballingschap, die zou voor hem zorgen, had hij te horen gekregen. Maar dat was zijn regering niet, wat had hij daarmee te maken. Op golven van willekeur was hij van Afrika naar Europa gedreven, zoals hij ook zielloos mee was opgetrokken naar het Noorden, in een leger van onbekenden om te vechten tegen een leger van onbekenden.

Matteous zweeg en keek naar Kate. Ze had niet alles begrepen wat hij had gezegd, en toch hoorde ze zijn verhaal, verteld in zijn onnavolgbare taal, in een mengeling van gebaar en gestamel en afgebroken woorden.

Beneden hen kende het leven z'n gewone loop, klonken de geluiden van alledag, de zon scheen, meeuwen krijsten hoog boven de huizen. Hij legde zijn hand op de mouw van haar vest, drukte haar arm. Kate voelde een vreemde leegte in haar hoofd, haar wangen gloeiden. Het was alsof er onwaarschijnlijk ver weg in haar van alles werd uitgepakt, raadselachtige enveloppen werden opengescheurd, een gevoel alsof er diep in haar gebladerd werd in papieren die daar opgeborgen lagen. Waarom was het of Roy daar tegenover haar zat en haar arm vastpakte. Roy, die al zo lang dood was, en begraven in een bodemloze put. De Roy van zo veel ochtenden op hun balkon in Rome, opzij van de Corso.

'Ik zit al, Kate, nu jij nog.' Steevast die woorden. Tien uur 's morgens, kerkklokken dreunden overal om hen heen, net niet synchroon. Altijd mooi weer, altijd samen. In zijn armen, onder hem, op zijn schoot, handen in de hare, zijn lichaam in volkomen overgave, niets duurt, niets blijft, niets gaat verloren. Waar waren ze het laatst geweest? Ze dacht bij Caffè Greco, het café dat later te veel in toeristenboekjes werd aangeprezen, maar toen en daar nog min of meer onbedorven was. Ze waren gaan lopen door de stad, op weg naar het station. Hij zou twee dagen weg zijn, zij bleef thuis. Er waren nog niet veel mensen op dit vroege uur. Ze namen een tweezitsbank bekleed met paars velours, de kardinaal onder het cafémeubilair. Een bric-à-brac van tafeltjes, spiegels, stoelen, schilderijen waartussen de obers zich nauwelijks een weg konden banen. De avonden daar in Caffè Greco, wanneer het overvol was, een en al Italiaan, een en al discussie en gelach en armgezwaai. Roy en zij kwamen er graag.

De hitte was al hevig geweest die ochtend, de ventilatoren aan het plafond ruisten, maar helpen deed het niet erg. Ze zaten er als in de treincoupé waar Roy straks in zou wegrijden, eersteklas. Kate hield haar beide handen om zijn bovenarm geklemd zoals ze soms deed. Het liefste gebaar dat ze kon maken, vond hij. Ze hadden niet veel tegen elkaar gezegd, ze staarden zo'n beetje de warmte in, bekeken de mensen die binnendruppelden, Roy streek even over haar haren. Er was hoegenaamd niets ongewoons, niets verborgens, ze waren ruim op tijd voor Roys trein, twee dagen en hij zou weer terug zijn. Rome Milaan, Milaan Rome. Hij zou een 'stelletje schoffelaars' toespreken, de laatste vorderingen bij het Forum stonden op het programma, en verder had hij een afspraak met een Nederlandse journalist, zijn naam was hij kwijt, maar de man zou naar zijn hotel komen.

Zo was het uur in het café verlopen, en daarna waren ze verder gewandeld, af en toe misschien hand in hand, naar het Stazione Termini, een kruier nam zijn tas aan. Was ze het perron mee opgegaan? Ze dacht van niet, ze hield niet van zwaaien op een perron. Er waren geen grote woorden bij het afscheid, waarom zouden ze, alleen een zoen op haar mond.

Kate voelde opeens de druk van zijn hand op haar arm. Matteous.

10

Bij hoge uitzondering vlogen ze 's nachts. Vluchten van neutrale maatschappijen gingen meestal overdag, open en bloot, zo kon de Luftwaffe zich niet vergissen. Vlak voor de zon opkwam, zetten ze de daling in naar het vliegveld van Bristol. Oscar sliep. Hij werd pas wakker door de klap waarmee de banden de grond raakten. Dat was hem nooit eerder overkomen in een vliegtuig. De onrust had hem onmiddellijk weer te pakken. Eerst Morton opbellen, dacht hij, dan naar Kate. Hij wilde haar verrassen.

Bristol, zes uur in de ochtend, Whitchurch Airport. De wijzers van de enorme klok in de aankomsthal stonden stram als een soldaat op wacht voor Buckingham Palace. Oscar had alle tijd. Hij nam de trein naar Paddington Station. Morton was op de hoogte van zijn komst, maar voor negen uur hoefde hij zeker niet aan te komen bij het ministerie. Daar wilde hij trouwens helemaal niet heen, hij zou Morton vragen om ergens anders af te spreken. Hij klapte de smalle deur van de wagon achter zich dicht. Altijd kreeg hij in Engeland het idee dat hij in een privétrein reisde, iedere coupé had z'n eigen locomotief, zo voelde het. Er was geen gang, geen verbinding met de coupé ernaast, geen conducteur. Tien mensen in een fluwelen box, het leek wel een rijdende bonbondoos. De eerste trein van de dag was nog niet vol, er zat een jonge soldaat bij het raam, verder was er niemand. Een grote koffer stond naast de jongen, zijn legerjas lag eroverheen. Oscar zag twee gesloten ogen in een bleek en ongeschoren gezicht. Het was een desolate aanblik. Alles was desolaat. De donkere overkapping van het station, de trage stappen van de stationschef, de onduidelijke metalen stem vanuit een luidspreker die het vertrek aankondigde. Oscar zag vanuit zijn wagon een paar laatkomers aan komen rennen, en naar binnen springen.

De laatste tijd had hij vaker dan ooit in een trein gezeten. Sinds hun bergdagen had hij Lara een aantal keren ontmoet, om en om bij hem in Bern en in haar huis in Fribourg. De eerste maal was een week na hun afscheid. Hij wachtte haar op bij de ingang van het station van Bern. Hoe het met haar verrekijker stond, vroeg hij.

'Op een standaardje voor het raam, werkloos,' was haar prompte antwoord.

Haar terug te zien was ongeveer het enige waaraan hij die eerste week na hun thuiskomst uit het Oberland had kunnen denken. Ook in Bern lag de sneeuw hoog in de straten, maar het haalde het niet bij hun bergdorp. Oscar nam haar mee naar Della Casa, een onopvallend restaurant aan de Schauplatzgasse, op loopafstand van het station. Hij at daar soms met Zwitserse contacten, het was er 'spionnen-proof', geen Duitse agent leek het adres te kennen. De eigenaar was 'goed'.

'Herr Verschuur, welkom! Ik heb u al een tijdje niet meer gezien, wat een genoegen.' De ober was oprecht blij. Hij boog naar Lara, nam haar jas aan en die van Oscar en bracht hen naar een tafel naast de Russische kachel, een kleine aparte ruimte zonder buurtafels. Er was nog niemand in het eetzaaltje, op de achtergrond klonk het geluid van pannen en borden in de keuken. Straks zou het vol zijn, en om twee uur was iedereen weer verdwenen. Het ritme van de vrede.

Veel meer dan kijken lukte hem niet in het begin. Zij liet hem, alsof ze het begreep. Ze praatte even weinig als hij. Oscar en Lara, in de glazen stilte van hun uithoek.

Ze liet zich bekijken. Zo onbestaanbaar mooi vond hij haar, van een schoonheid die hem onbekend was en haast afschrok. In de afgesloten wereld van het dorp had hij dat minder sterk opgemerkt dan hier, op een doordeweekse dag in de stad. Dat ze voor hem gekomen was, dat ze hem wilde terugzien, dat ze de trein had genomen, haar lippen gestift, haar blouse gestreken, in de spiegel had gekeken voor ze wegging. Hoe onvoorstelbaar. Zijn eerste woorden kwamen maar moeizaam tevoorschijn uit wat hij zag.

'Ik ben elke dag in de bergen geweest.' Oscar zei het aarzelend en zacht, alsof hij werd afgeluisterd. 'Ik maakte in m'n hoofd alle wandelingen af, die we gemaakt zouden hebben als we gebleven waren.'

'Ik was er ook, ik volgde je vanaf het terras, maar je bleef voortdurend op dezelfde afstand, je leek wel een gems.'

Ze hadden ongedeerd de Jungfrau achter zich gelaten, het dorp was niet ingesloten geraakt. Maar ongedeerd? Ha, niets bleek minder waar. In hun gedachten waren ze niet uit elkaars buurt geweest. Ze hernamen hun omtrekkende liefdesverklaringen.

Om half een kwamen de habitués binnen, gasten met een lange staat van dienst. De ober verspreidde ze soepel over de tafels, de bijna-huiskamer was al snel vol en de gorgelende geluiden van het Schwytzerdütsch waren niet van de lucht. Het godgeklaagde goede humeur dat hier heerste, de aardige ober, de verstandige eters, de opgewekte klanken van overvloed en tevredenheid, Oscar hoorde het en hoorde tegelijkertijd andere dingen: sirenes boven Londen, sirenes boven Berlijn.

En hij vertelde Lara van zijn eeuwig ongemak om ergens te zijn, en tegelijk ergens anders. Zijn vermogen om met haar te praten en tegelijk in gesprek te zijn met bijvoorbeeld zijn dochter Emma. Ze knikte naar hem. Net niet blauw, zachtgroen waren haar ogen, de kleur van het vroegste voorjaar. In café Eiger waren ze blauwer, hier in de stad groener. Alles aan haar was net een beetje anders dan in de bergen. Skibroeken en truien en windjacks en handschoenen, het was camouflage geweest, misleiding.

De paar uur in het Bernse restaurant verliepen vreemd. Half twaalf tot twee, ze hadden allebei terug gemoeten naar hun werk. Hij kon zich de volgende dag al niet meer herinneren of hij iets zinnigs tegen haar had gezegd. En Lara had weinig gesproken. Na de openingsschermutselingen en een paar gevatte en insinuerende zinnen, na wat onzekere vragen en antwoorden was stilte gevolgd, een pantomimevoorstelling, waarbij iedere beweging telde. Ieder woord leek een inbreuk. Zelfs de ober hield zich op de achtergrond, hij bediende zwijgend. Ten slotte had Lara haar hand naast haar bord gelegd, open naar boven, ze wisten dat het tijd was om te gaan. Hij legde zijn hand in de hare, voorzichtig, overweldigd door het moment dat ze zelf geschapen hadden. De telkens vooruitgeschoven aanraking. Zijn hart bonkte, hij zag de kloppende ader op haar pols.

De bleke soldaat deed z'n ogen open. Oscar, schuin tegenover hem, groette hem even. De jongen keek naar buiten. Tussen Bristol en Londen lag het landschap dat Oscar kende uit de tijd dat hij onderzoek deed voor zijn proefschrift en veteranen thuis opzocht. Veteranen uit een stomme film, van een oorlog die allang vergeten was en waar inmiddels alweer nieuwe oorlogen overheen lagen. De jongen in zijn uniform was opgeroepen door een eeuwenoud systeem: te wapen! Zelf dacht hij misschien alleen maar aan zijn vriendinnetje, of aan zijn ouders, en dat hij zo vroeg had moeten opstaan. Oscar kon het niet laten om door de geschiedenisboeken in z'n hoofd te bladeren. Waar je ook woonde, je werd gehaald, jong als je was en sterk en vrij van angst. Azië, Afrika, Europa, wij komen, wij vallen aan, wij houden stand. Tragische drang om overal naar toe te gaan, te hulp te schieten, te veroveren, te willen heersen. Arrogantie was een alcohol die gestookt werd in de boezem van families, in kerken en scholen en clubs. Was er een God, hij zou Engels moeten spreken om zich verstaanbaar te maken, en orders uit te delen. Maar een God leek ver weg.

'Je hebt op dit ogenblik meer aan Churchill dan aan God,' had Morton gezegd, de laatste maal dat Oscar hem gesproken had. 'Dat heet praktisch christendom,' had hij eraan toegevoegd. Ze hadden elkaar kort ontmoet in Mortons club in Londen. Hij was met Kate op zoek geweest naar een huis voor haar, augustus 1939, geen moment te vroeg.

Van Bristol naar Londen, op ieder primitief stationnetje waar ze stopten, kwamen er passagiers bij in hun coupé. Rook, krantegeritsel, gehoest, vrouwenstemmen, Oscar en de soldaat werden opgenomen in een doodgewone Engelse ochtend.

Op Paddington Station belde hij Morton op zijn ministerie; ze spraken af in de Travellers Club aan Pall Mall, koffie. Morton had een uur voor hem.

Het regende. Wanneer eigenlijk niet, het regenseizoen leek hier twaalf maanden te duren. Na de warmte van Portugal was hij er niet op voorbereid. Hij had het koud in zijn zomerjasje en tegen de mode in droeg hij zelden een hoed. Zou hij Kate alvast waarschuwen dat hij er was? Vermoedelijk was ze in haar ziekenhuis, het had geen zin haar te storen. Hij zou gewoon naar Barkston Gardens gaan en op haar thuiskomst wachten. 'Met Emma is alles goed, hoor,' zou hij zeggen nog voor ze kon schrikken. Vooruitdenken was zijn tweede natuur, waarschuwen, bezweren dat alles goed was. Maar het was niet goed. Alles stond op z'n kop, helder denken kon hij niet. Vlak voor hij vertrok had hij Lara opgebeld om haar te zeggen dat hij naar Londen moest, er waren besprekingen met zijn bazen. Hij voelde dat het weinig overtuigend klonk.

'Waarom zo plotseling? Doe voorzichtig.'

Het liefste was hij in de trein naar Fribourg gesprongen. Doe voorzichtig, zie vooruit, dan zie je mij en zie ik jou, kleine melodie van verwachting. Doe voorzichtig, de klank van een omhelzing erin.

'Meneer Morton zit in de zaal bij de tuin, ik zal u brengen.'

Oscar kende de Travellers, zelfs al voor hij Morton kende. Het was een club voor diplomaten en politici, meer dan honderd jaar oud en meegegroeid met de uitbreiding van het British Empire. Whitehall niet ver weg, de departementen op lunchafstand. Vanuit de tuinzaal keek je op bomen en fijn gemaaid gras, en daarachter wist je St. James's Park. Oorlog of niet, de koffie en de port werden op ieder uur in de Travellers bediend. Er brandde een haard, de schemerlampen waren aan, Morton zat met zijn rug naar hem toe toen hij binnenkwam en stak bij het horen van voetstappen een hand omhoog.

'*Welcome*, Verschuur.'

'Goed je te zien, Morton.'

Stilte.

Morton was een man van weinig woorden, iemand met een vreemd vuur in de botten. Een musketier. Oscar herkende het. Het was alsof Dick daar zat, in een andere gedaante. Zijn broer met wie hij tot aan Kate bijna dagelijks had opgetrokken. Oscar had in de beschutting van hun vriendschap geleefd, waarin alles vanzelfsprekend was, en woorden overbodig waren. Ze hadden ooit schaterlachend de wereld verdeeld. Dick zou de vrouwen voor zijn rekening nemen, hij de dichters en de filosofen. Maar het was Dick geweest die in zijn eentje op een boot naar Indië was gestapt, briljant en illusieloos en met een koffer vol boeken.

De koffie werd gebracht. Een groepje mannen zat in een andere hoek op gedempte toon te discussiëren. Door de hoge ramen zag hij buiten mensen wandelen en hij bevatte het niet. Het laconieke, de ongehoorde hooghartigheid van wat zich aan hem voordeed, de onverstoorbare gang van de wandelaars, de broze handgebaren van de bediendes, de welwillende begroeting van Morton. Even voelde hij woede en verwarring over zoveel arrogante Londense vrijheid, maar die verdwenen al snel in hun gesprek vol omtrekkende bewegingen, vragen naar de bekende weg, naar gemeenschappelijke vrienden, naar Wapenaar, naar de stemming in Bern. Oscar praatte met de handrem erop, tastte naar wat Morton kon weten en wat niet. Hij vertelde van de avond bij Henderson, over Howard Smith. De berichten uit Berlijn interesseerden Morton hevig, hij bleef lang hangen bij Smith, vroeg samenzweerderig naar Kelly, was verbaasd en verheugd dat de Turkse ambassadeur had meegedaan. Morton hield ervan de zaken op een geheimzinnig niveau te tillen.

De druk nam toe in Oscars hoofd. Langzaam maar zeker sloot Morton hem in, heel voorzichtig kroop hij naar voren om te zien waarom hij eigenlijk naar Londen gevlogen was, zich beroepend op Mortons naam, Morton die een persoonlijke vriend en adviseur was van Churchill. Waar ging dat over, wat kwam Verschuur doen?

'Sprak Smith over troepenconcentraties, zei je?'

Oscar bevestigde het, volgens Smith kon de aanval op Rusland ieder moment ingezet worden, beweerde hij. Nu zou hij het moeten zeggen, dit was het moment. Hij keek om zich heen. Ze zaten op ruime afstand van het groepje bij de haard. Een bediende stond als een suppoost aan de deuropening.

Iedere kans had hij bedacht, iedere toevalligheid, iedere aanwijzing, verdenking, waarschijnlijkheid, iedere opzet, val, misleiding, iedere stap die hij zou zetten had hij uitgestippeld, iedere tegenzet van de ander onderzocht. Een wirwar van mogelijkheden en onmogelijkheden spookte door hem heen. Als hij het Morton zou vertellen, hoe wist hij dan zeker dat dat bericht nooit tot hemzelf herleid zou kunnen worden. Morton zou hem beloven dat hij zijn bron niet zou noemen, maar hij zou natuurlijk toch zijn agenten in Berlijn waarschuwen dat hij via Zwitserland gehoord had... In een paar stappen was Oscar telkens terug bij zichzelf als de bron. En daarmee bij Emma, de echte bron. Emma liep gevaar, hij was met haar gezien in Genève, hij was verdacht en dus zij ook, en Carl, van twee kanten, want Trott was altijd al verdacht. Hun samenkomst was doorgeseind naar Berlijn, geen twijfel over. Emma of Barbarossa. Gek was hij ervan geworden, wanhopig, woedend, intens bedroefd. Hij kon Emma en Carl niet bereiken, niets vragen, niets voorstellen, niets adviseren, laat staan waarschuwen. Alles in Berlijn werd afgeluisterd.

'Hoe is het met je dochter en schoonzoon?'

Oscar hoorde de vraag, wilde hem ontwijken maar zei: 'Ik heb ze vorige week ontmoet, in Genève in een restaurant.'

Morton keek op. Oscar bewoog niet, klaar voor de sprong.

'Nog nieuws van dat front misschien?'

Ze zouden Emma rustig oppakken, alleen haar, niet Carl. En heel rustig ondervragen, kalm laten zitten, week na week, ze zouden haar als het uitkwam afschuiven naar een andere ondervragingsploeg.

'Trott zoekt contact met jullie, hij is voortdurend bezig om oppositie te mobiliseren tegen zijn bazen.'

'Weten we, Verschuur, maar we vertrouwen hem

niet. We hebben de indruk dat hij dubbelspel speelt, al denken wij ook dat het niet lang meer kan duren voordat ze de Sovjet-Unie binnenvallen. Heeft je schoonzoon er nog iets over gezegd?'

Misschien zouden ze haar na een paar maanden loslaten, maar het kon net zo goed zijn dat ze haar tot nader order ergens vasthielden.

En toen drong tot Oscar door wat Morton zojuist tegen hem gezegd had. Ze vertrouwden Trott niet, dus zouden ze ook hem niet geloven als hij Operatie Barbarossa zou noemen en de datum van de inval. Zijn informatie kwam van Carl, van Trott dus, en die wantrouwden ze kennelijk. Had Morton dat niet gezegd? Trott, Carl, Emma, niemand zou ze geloven, iedereen in Duitsland was besmet, goeie Duitsers bestonden niet. Wat je daar ook deed, hoe moedig en gevaarlijk het ook was om je te verzetten, de Engelsen zagen er uitsluitend een dubbele bodem in. Op z'n best waren het opportunisten, Trott en zijn vrienden. Daar hoort mijn dochter bij, Morton. Een niet mis te verstane boodschap, dit totale cynisme over welke vorm van verzet er ook maar uit het land van de vijand tevoorschijn mocht treden. Mijn God, Emma.

'Nee, niet met hem over gehad. Carl sprak alleen over het westen, over het oosten zei hij niets. Smith had het daar nadrukkelijk wel over, maar Carl niet.'

Morton wachtte, tevergeefs. Oscar zou het niet vertellen, ze geloofden hem toch niet. De operatie zou doorgaan en de Russen zouden het inmiddels heus wel weten. Met hoeveel miljoen soldaten werd daar gerekend, hoeveel moord en doodslag kon een volk verdragen, wie waarschuwde de mensen aan de grens, vlucht, ren, verdwijn zo snel je kan.

Ze zwegen, het uur was om, Morton moest terug. Missie niet volbracht.

Hun stappen op de marmeren vloer klonken verfijnd, schoenen kraakten, hun jas werd opgehouden, de paraplu van Morton sprong open. Oscar keek hem na, zag hoe hij zich tussen de andere paraplu's door bewoog en de richting van het park koos. De loop van een doelbewust man, een man zonder dochter.

Morton moest hebben gemerkt dat Oscar zich op de vlakte had gehouden, of zelfs gelogen had – iets niet zeggen is ook liegen, zwijgen is ook misleiding. Maar Oscars ontreddering had Morton niet gezien, de uitwerking van zijn bijna nonchalant uitgesproken doodvonnis over iedere Duitser, over iedere man of vrouw die moedig tegen de stroom inging.

Emma zat voorgoed in het verkeerde kamp.

11

Zou ze de hulp inroepen van Adriaan Wapenaar? Haar vader had er met regelmaat op aangedrongen dat ze naar hem toe moest gaan als het nodig was. Emma had dat bezorgde advies weggewoven, maar wel onthouden. Ze wist waar hij woonde, in Grunewald, met de fiets hooguit een kwartier. Een reservaat was het, met veel groen en hier en daar een tennisbaan tussen de huizen. Het geluid van een tennisbal tussen de bomen, de volstrekte verachting van wat er gaande was in de wereld. Dat ze de boel niet kwamen plunderen, je begreep het niet. Maar om de een of andere reden bleven ze weg, hun knuppels en koevoeten werden elders ingezet.

Ze pakte haar fiets, in de ban van onrust. Waarom ze met hem wilde praten wist ze zelf niet precies, misschien om even met een landgenoot te zijn, iets in haar eigen taal te kunnen vertellen, een vriend van haar vader te zien. Een jas hoefde ze niet aan, de juniwarmte hing 's morgens al zwaar tussen de bomen. Zou Wapenaar haar eigenlijk wel herkennen? Ze hadden elkaar maar twee keer vluchtig ontmoet. Ze nam de laantjes door Dahlem, kruiste de weg naar het centrum, sloeg linksaf de 'bossen' van Grunewald in. Kastanjes en eiken vingen de zon op.

Ze reed door bijna donkere lanen, glooiend, met bochten die onlogisch en willekeurig leken aangebracht. De huizen stonden ver uit elkaar, verscholen en verheimelijkte rijkdom in een misdadige stilte. Niet meer dan een paar kilometer verderop lag de Prinz-Albrechtstrasse en hier keken mannen en vrouwen verveeld uit het raam, loom van de aanstormende zomer. Tuinlieden schoven hun ladders van boom naar boom. Op de fiets door de oase, het was een reis naar een andere planeet.

Emma kende de weg. Met Carl fietste of wandelde ze er geregeld, in een kinderlijke poging de oorlog af te schudden. Carl had haar de geschiedenis van Grunewald verteld, wist wie er vroeger gewoond hadden, kunstenaars en schrijvers en rijken. Hij benijdde niemand die er op dat moment woonde, de partijbonzen, de grootindustriëlen. Carl Bielenberg was een man zonder enige rancune, een volmaakter tegenstelling met de gangbare mode was niet denkbaar. Emma en hij waren elkaar gaan liefhebben met een snelheid die de tijd voor leek te willen blijven, de tijd waarin ze niettemin moesten leven, de tijd van wrok en wraak en eindeloos herhaalde haat.

Vogelgeluiden klonken om haar heen. Meer van hem houden dan daar en toen was niet mogelijk. Ze bedacht het op het langzame ritme van haar voeten op de pedalen, dromend dat ze weg zou gaan en hem mee zou nemen naar een ander land. Zwitserland was zo volkomen vredig geweest, de paar dagen dat ze er waren. Nog maar kort geleden hadden ze door Genève gelopen, en in een opwelling had ze Carl gevraagd of ze daar niet konden blijven. Waarom teruggaan naar het verdoemde Berlijn, Carl? Nu kon het, nu hadden ze de kans, ze konden verdwijnen, haar vader zou zeker helpen. Londen, Amerika, alles was beter dan te blijven en te moeten aanzien hoe de vernietiging naderbij kwam. Maar ze kende het antwoord. Carl had haar heel goed begrepen, natuurlijk, maar zijn ouders en familie dan? Die zouden ogenblikkelijk gearresteerd worden en in een kamp gezet, of erger. Daar kon Emma niet tegenop. Ze wist dat ze gegijzeld waren.

Ze hield haar tas met één hand om haar schouder, een meisje op weg naar school, of naar haar grootmoeder, in het gezeefde licht van de ochtend. Trappen, voeten van de trappers, uitrijden tot bijna stilstand, verder trappen, met horten en stoten naar het huis van Wapenaar in het hart van Grunewald. Doelloos, omdat ze niet wist wat ze ging doen, zinloos, omdat ze wist dat ze niet kon zeggen wat ze wilde. Niettemin ging ze door, ze stuurde haar fiets naar de Bismarckbrücke vlak bij het Hubertusmeer. Ze kende het adres, al was ze er nooit binnen geweest.

Het was een klein landhuis, niet veel groter dan het huis waarin Carl en zij woonden, maar met een ruime tuin die uitliep op het meer.

Een smeedijzeren hek met rozen eromheen, de romantiek begon al direct bij huize Wapenaar. Ook naast de deur stonden opgebonden rozenstruiken.

Een vrouw deed open. Emma noemde haar naam, en zei dat ze een Nederlandse was, dat haar vader een vriend was van meneer Wapenaar. Dat ze toevallig in de buurt rondfietste en hem misschien even kon spreken. De vrouw lachte om zo veel uitleg en vroeg haar om toch vooral binnen te komen. Haar man was er niet, maar dat deed er niet toe, ze verwachtte hem over niet al te lange tijd. Wat kon ze haar aanbieden? Ze stelde voor om in de tuin te gaan zitten op het terras bij het water, ze zou een sinaasappel persen. Ze sprak Nederlands met een zwaar Duits accent, wat gek genoeg nogal charmant klonk. Emma had de moed niet zich te onttrekken aan zoveel gastvrijheid en ze volgde de vrouw de tuin in. Het was elf uur, het meer aan hun voeten lag er onbeweeglijk en zwart bij, de hond van een buurman blafte. Het leek niet echt, een scène uit een film. Waarom zat ze daar, wat kwam ze eigenlijk doen.

De hond hield aan, hij gromde, blafte, piepte, rende, sprong tegen een onzichtbaar hek op, onaangenaam dichtbij. De vrouw van Wapenaar liep rustig naar hem toe. Ze riep zacht en dringend de naam van het dier en stak een hand door de heg om hem te aaien. De orde werd hersteld, de stilte viel weer in.

'Het is een aardig beest, maar ze is veel te veel alleen.'

Emma knikte alsof ze het begreep. Veel te veel alleen, zelf had ze daar ook in toenemende mate last van. Carl naar z'n werk en zij thuis met een oningevulde dag. Ze sprokkelde bezigheden tot aan de avond, wanneer Carl terugkwam. Dagen waarin ze de oorlog wegdacht, haar tuin bewerkte, struiken snoeide, onkruid wiedde. De pretentie van het doodnormale, de bezwering van een vijandige omgeving. Overal zag ze vrouwen hetzelfde proberen. Ze deden alsof er niets aan de hand was, alsof ze hun gewone leven leefden. Was het ooit anders geweest, waren hun mannen niet altijd aan het werk geweest, als soldaat, bakker, professor, ambtenaar, minister?

Emma keek naar de aardige vrouw tegenover haar, de glazen sinaasappelsap op een tafeltje tussen hen in.

Er was een schijn van idylle die ze voor geen geld zou verstoren. De vrouw wilde dat Emma haar bij de voornaam noemde, Elka heette ze, een bijnaam eerlijk gezegd. Haar vader had haar als kind altijd briefjes geschreven en daar stond L.K., Liebes Kind, Lief Kind, boven. En zo was het Elka geworden. Emma luisterde naar het kabbelende verhaaltje, ze kon zich niet herinneren dat haar eigen vader haar ooit briefjes had geschreven. Haar vader die ze juist nu zo verschrikkelijk miste, en die haar steeds meer begon te ontglippen. Elva.

Sinds de verhuizing van haar ouders was ze nooit meer in de Fasanenstrasse geweest, de straat waar ze Carl had ontmoet, het begin van een ontketend bestaan. De moed waarmee ze gestart was, en de weemoed om wat ze had moeten achterlaten waren onbegrensd geweest. Carl en zij leefden destijds stroomopwaarts, nooit moe of wanhopig, nooit bang. Na het afscheidsdiner van haar ouders had ze hem nagekeken toen hij de straat uitliep, en hij had omgekeken en was verrast gaan zwaaien omdat zij dat ook deed. Die opgewekte, hoopvolle hand zwaaide nog steeds, nog iedere dag bij het hek van hun huis. Carl was de tegenpool van haar vader, doorzichtig als glas, een wonder van eenvoud.

Er sloeg een klok als een gong door de open ramen.

Emma telde twaalf slagen; ze zat daar al een uur, ze moest weg. Ze verontschuldigde zich voor haar lange bezoek, ze zou een andere keer terugkomen, als dat goed was. Een uur! Ze schaamde zich dood. Ze had nauwelijks iets gezegd, Elka Wapenaar had zitten vertellen, had sinaasappels geperst, had haar in slaap gewiegd leek het wel.

Op de automatische piloot reed ze terug naar Dahlem, onophoudelijk in gedachten bij haar vader. En voor de zoveelste maal bij de opmerking over haar moeder. De katachtige blik in de ogen van haar ondervrager, de kwaadaardigheid was er vanaf gedropen. Begrijp je wat ik bedoel, knappe moeder heb je, begrijp je de suggestie, de insinuatie. Toen ineens begreep ze het. Ze hield op met fietsen, en hoorde de banden over de weg. Haar vader had een ander.

Ze stapte af, legde haar fiets in de berm en keek of er ergens een bankje stond. Ze wilde huilen, maar er gebeurde niets. Haar hoofd was warm, haar handen waren koud. Een knappe vrouw, ja, ja. Haar tomeloos onvoorzichtige vader was kennelijk gezien met een vrouw en niet zomaar een vrouw. Ze hadden hem gevolgd en zelfs van een afstandje was opgevallen dat ze bijzonder was, of liever dat haar vader haar bijzonder vond. Dat moest wel kloppen, het raadsel van zijn onbereikbaarheid in Genève was opgelost. Zo ongeveer half verdoofd was hij aangeschoven, hij had meer dan eens haar blik ontweken. Emma keek rond, op de Königsallee was het drukker geworden, fietsers en wandelaars passeerden haar. Ze voelde vreemd genoeg niet direct woede, eerder een oud verdriet. De ontdekking sloeg iets open wat ze jarenlang verborgen had gehouden. Dat ze haar vader niet kende, dat haar liefde zo ongericht en naïef was en zonder vragen. Zoals liefde moest zijn. Haar vader, die bij haar moeder hoorde, die haar nooit zou verlaten, nooit en te nimmer, voor niemand, zelfs niet voor de liefde van zijn leven of hoe dat mocht heten. Ineens was er toch woede om wat hij in de waagschaal stelde, en afkeer van zijn geheime leven, en onmacht om wat hij verzweeg en verdrong en verdonkeremaande.

Ze had haar fiets weer opgepakt en liep ermee langs de kant van de weg, zich nauwelijks bewust waarheen. De vloed van herinneringen en beelden kon ze niet stoppen.

Ze zag hem het restaurant binnenkomen, Carl en zij zaten er al. Haar jongensachtige papá. Ze was zo snel als de zaal het toeliet naar hem toe gelopen, had hem omhelsd, zijn hand genomen en hem meegetrokken naar hun tafeltje, waar Carl wachtte. Meer dan een jaar had ze hem niet gezien, een resoluut veranderde wereld geleden: er lagen talloze bombardementen en moordpartijen tussen, ze wisten er niets over te zeggen, het was te veel, te groot, te onbevattelijk. Ze had naar hem gekeken en de schaduwen gezien, de zijsporen waar hij telkens op terechtkwam, het welbewuste ontwijken van haar vertrouwelijke vragen en zijn subtiele afweer tegen haar nabijheid. Waarschijnlijk had hij daar eigenlijk niet willen zijn, besefte ze nu, hij probeerde zich te ontworstelen aan iedere vorm van intimiteit. Was haar huwelijk met Carl hem tegen gaan staan? Ze had het zich afgevraagd. Maar dat was onmogelijk, ze merkte dat hij Carl als een vriend beschouwde. Hij praatte zelfs meer met hem dan met haar.

'Hier in de bergen was de laatste keer dat we met jou en mamá samen waren, hè.' Die woorden hadden zijn ongemak haast fysiek tevoorschijn gehaald. Hij antwoordde met een vraag over Berlijn en zo wist hij het gesprek voortdurend van zichzelf af te leiden. Emma had het slecht kunnen verdragen, ze had weken naar dit moment toegeleefd, hem te zien, zijn verhalen te horen, zijn vertrouwde gebaren te ondergaan, hem van dichtbij mee te maken.

Een andere vrouw, waarom in godsnaam, papá. Ze werd steeds woester, op hem en op de Gestapo, die hem verraden had. Waarom moesten ze zo nodig zijn gangen nagaan, wat wilden ze van hem. Haar vader met een slot op zijn mond en een doek over zijn ziel.

Wat had hij al die jaren nog meer uitgevoerd dat zij niet wist?

Vlakbij klonk het geluid van die verdomde tennisballen, nu te tennissen was een criminele daad, een wrange grap. Ze zou Carl erbuiten laten, hoe graag ze het hem ook wilde vertellen. Soms leek ze op haar vader, bedacht ze. Ze zou het verborgen houden,

'Zoekt u iemand?' Een man remde af, stopte en monsterde haar nadrukkelijk. Ze schudde haar hoofd en wilde haar fiets weer op gang brengen.

'Mag ik uw papieren zien?' De verveelde toon van een verklikker, in ieder geval van een partijlid met een opvallend speldje. Vermoedelijk woonde hij daar ergens in de buurt. Maar dit had hij niet moeten zeggen. Emma hield haar stem met moeite in bedwang.

'Ik heb papieren, jazeker, maar ik ga u die niet laten zien. En als u niet heel snel doorfietst, ga ik mijn beklag doen op het departement van mijn man.'

De razernij in haar woorden nam toe. Het was een dolle, ondoordachte uitval, maar een effectieve. De man verbleekte, mompelde excuses en racete weg. Emma begon zenuwachtig te lachen, en zo stond ze daar, in een gek geworden wereld waarin mensen naar elkaars papieren vroegen, tegen beter weten in te lachen.

12

Zoals iedere dag reed Kate met de bus naar het Richmond Hospital, en 's middags weer terug. Het Richmond, een magazijn van zieken en gewonden uit steeds meer windrichtingen, was een continubedrijf. Ze hield van haar werk. In hoog tempo volgden de patiënten elkaar op, en ze had het vermogen om in korte tijd vertrouwd te raken met iedereen, onnadrukkelijk de dingen te regelen. 'Chef subtiele zaken' noemde een arts haar. De man deed haar in de verte denken aan Peter Henning, de chirurg met wie ze in Berlijn had gewerkt. Meer dan een jaar lang, in de dagen dat moord en doodslag al de regel waren. Hij was verliefd op haar geworden, zij niet op hem, maar de uren in en buiten de operatiezaal hadden er kleur door gekregen. Oscar had niets geweten, waarom zou ze hem ongerust maken. Inmiddels was het vijf jaar geleden.

Kate zag de drukte op haar route toenemen: het regende en Londen zette paraplu's op. Zonder aanleiding herinnerde ze zich dat ze een keer met Peter naar een stadion was gereden. De Olympische Spelen hadden de stad veranderd en versierd, en het was er schoner dan ooit tevoren. Hij had gevraagd of ze mee wilde naar de atletiekwedstrijden van die middag. Ze waren vroeg klaar, er stonden geen operaties meer op het programma.

Ze waren door een land gereden dat tijdelijk bevrijd was uit een stalen greep. Peter had als arts een auto, waarmee hij tot dicht bij het stadion kon komen. Charlottenburg en Tiergarten door, met de vlaggen die daar overal hingen kon de Kurfürstendamm moeiteloos van voor naar achter bekleed worden. Kate zag weer voor zich hoe Peter zijn auto altijd even aaide voor hij instapte: brave hond. Het was een Mercedes met linnen kap, zo'n mooi glanzend zwart geval met grote koplampen en een treeplank. Later had ze met terugwerkende kracht een afkeer van zulke auto's gekregen. Er kwamen meestal mannen in leren jassen met brede riemen uit. Peter had met dat soort niets te maken, hij was de laatste aangename Duitser die ze gekend had, naast Carl natuurlijk.

Hij had een arm om haar schouder gelegd terwijl ze het stadion binnenliepen. Ze vond het best. Zijn natuurlijke hartelijkheid ontroerde haar, de manier waarop hij haar vasthield had ook niets bezitterigs. Het was meer zoals jongens een voetbalveld opkomen, op hun gemak en vast van plan er een leuke middag van te maken. Zijn linkerhand lag bij haar hals, met de rechter probeerde hij de paraplu zoveel mogelijk boven haar te houden, te midden van honderden mensen op weg naar de wedstrijden. Hij had haar verteld wie er zouden kogelstoten, hoogspringen, hardlopen, speerwerpen. De namen van de atleten zeiden haar niets, maar ze werd opgetild in zijn enthousiasme en vroeg hem of er Nederlanders meededen, en wie de beste was. Ze wees omhoog naar zijn paraplu en zei dat de regen allang was opgehouden. Hij lachte, en haalde zijn hand weg om de paraplu dicht te doen, wat ze eigenlijk wel jammer vond, zijn hand had haar het gevoel gegeven erbij te horen, onderdeel te zijn van de massa om haar heen, niemand die haar kende, een man en zijn vrouw schuifelend op zoek naar hun plaats op een stadionbank. Haar gevoel van voldoening had niets te maken met de man die naast haar liep. Die man had haar wel steeds aangekeken en was lief en galant en deed zijn jas uit om haar daarop te laten zitten.

Waar zou Peter Henning nu zijn? Kate zat bij het raam van haar bus en was verbaasd hoe gaaf die middag in haar herinnering was achtergebleven. Na afloop waren ze naar de bar van Hotel Esplanade gegaan, waar Kate dacht dat Oscar ook wel zou zijn, en hij was er inderdaad. Zo hadden ze daar de avond doorgebracht,

Peter en Oscar uitbundig met elkaar in gesprek, uitslagen werden doorgenomen, atleten becommentarieerd, de bar puilde uit van de buitenlanders, officials en journalisten, de sigaretterook hing tot aan het plafond. Zo vrij en uitbundig was Berlijn nooit meer geweest. Peter had erop gestaan om Oscar en haar naar huis te brengen, de Fasanenstrasse was veel te ver om te lopen. Hij had de linnen kap van zijn auto opengedaan. Het was warm, het regende niet meer, zei hij met een lachje naar haar. Bij hun huis aangekomen had hij het portier opengehouden. Hij hielp haar bij het uitstappen en pakte haar hand nog even vast. Hij had genoten en niets ervan zou hij vergeten. Oscar was erbij komen staan, sloeg een arm om haar heen, en een om hem. Een augustusavond als nooit tevoren. Ook zij zou niets ervan laten verdwijnen.

De bus stopte, ze moest eruit.

Een paar maanden later had Peter het ziekenhuis verlaten. Kate had een brief van hem gekregen met een onduidelijke uitleg over het hoe en waarom. Ze had het nooit goed begrepen, ze waren zo'n sterk operatieteam geweest. Was hij gevlucht, was hij misschien joods? Had het met haar te maken? Ze had nooit meer van hem gehoord. Zelf had ze niet lang daarna ontslag genomen.

In de hal van het Richmond kwam ze in groot gedrang terecht. Niet ver uit de buurt was een bom ontploft, zo een die dagen of weken nadat hij gedropt was, ineens afging. Wat je noemt per ongeluk, met tientallen gewonden en een paar doden als gevolg. Het wende nooit, al gebeurde het regelmatig, de stad was vergeven van de slapende bommen.

Kate nam de trap naar haar afdeling. Ze merkte dat ze aarzelde om de zaal binnen te gaan. Beneden in de hal hoorde ze geroep van gewonden. Ze kon daar niets doen, ze was geen verpleegster meer, ze zou zelfs niet mogen helpen. Dat ze ooit assistente van een chirurg was geweest, wist niemand, en ze liet het zo. Van die gewonden zou een aantal over een paar dagen wel in haar zaal terechtkomen, sectie subtiele zaken.

Kate wilde het ontkennen, maar het lukte niet: sinds Matteous niet meer in het ziekenhuis lag, leek de geest eruit geweken. Ze voelde een soort leegte, in een zaal vol vragen. Het kamertje waar ze maandenlang iedere dag gezeten had, was bezet door een ander, even gewond en even hulpbehoevend. Goed, ze ging wel naar binnen, maar ze keek nu al uit naar de middag, wanneer ze Matteous zou leren schrijven.

Over een uur zou Matteous er zijn, met schrift, pen en boeken, de uitzet voor de ooit te schrijven brief. Ze hadden een week lang iedere middag geoefend. Het alfabet was opgezegd, en heel voorzichtig opgeschreven. Iedere letter had Kate hardop uitgesproken, langzaam, opnieuw en opnieuw. Matteous wilde Engels leren schrijven, de taal die hij voor het eerst in de mijnen van Elisabethville had gehoord. Ze had totaal niet geweten hoe je iemand een taal moet leren. Ze kon zich niet meer herinneren hoe ze het zelf had aangeleerd. Aap, Noot, Mies, plaatjes met letters ernaast, hoe in godsnaam ging zoiets. Je was een spons waarin de woorden werden opgezogen, en die kwamen er dan in hanepoten weer uit. Vijf, zes jaar oud, een magische leeftijd, de letters werden woord. Maar of er een methode achter zat? Kate wist het niet, en zo goed en zo kwaad als het ging leidde ze Matteous door het Engelse abc.

De kleine tafel bij het balkonraam was hun oefenveldje. Ze zaten er soms uren naast elkaar, Matteous gebogen over een woord dat onder zijn vingers ontstond en weer afbrokkelde. Eindeloos herhaalden ze de klanken en keken hoe die neerdwarrelden op het papier. Kate deed het voor, Matteous schreef haar na, met de inkt aan zijn vingers. Vertwijfeld, meestal hopeloos vastlopend in wat hij wilde opschrijven, de meest eenvoudige dingen kwamen er schots en scheef uit. Een verband ontbrak, het bleef steken in aan elkaar vastgemaakte letters zonder dat er een betekenis uit opdook. Het dreef Matteous tot wanhoop. Veel liever sjouwde hij door het bos, ging hij de goudmijn weer in, marcheerde hij desnoods met een geweer over z'n schouder door de savannen, alles beter dan dit blinde worstelen met woorden. Kate begreep hem, het kostte haarzelf ook moeite om door te zetten. Maar ze had het hem beloofd, ze kon niet terug.

Ze begreep ook dat hij het benauwd had in Barkston Gardens, een bewaarschool van een paar vierkante meter met uitzicht op een tuin met een hek eromheen. Duizenden kilometers had hij overbrugd om aan te komen in het huis van een blanke vrouw die hem voortdurend het gemis van zijn moeder liet voelen. Dan maar geen brief, dan maar gewoon naar Elisabethville terug, waar anders heen. In een huurkamer aan een drukke Londense straat kon hij het met geen mogelijkheid volhouden. Een week was hij daar nu, en zijn hoofd barstte. 's Nachts kwamen er dromen die hem verlamden, doodmoe werd hij 's morgens wakker. Alleen de gedachte dat hij Miss Kate zou zien, hield hem op de been, had hij haar omzichtig verteld.

Deze middag was hij vroeg. Kate zag hem aan komen lopen. De regen was voorbij, hij droeg een oud legeroverhemd zonder trui of jas. Een neger. Mensen keken op, en soms om. De tuinman staakte zijn werk en riep iets tegen Matteous, ze kon niet horen wat. De bel, heel kort twee keer achter elkaar, ze deed hem dolgraag open. Maar bij het derde woord dat hij probeerde op te schrijven legde hij zijn pen neer, en liet zijn hoofd voorover op tafel zakken. Met gesloten ogen, het was geen wild protest, hij gaf zich over. Het was te groot voor hem, de gedachten die in hem zaten, pasten op geen enkele manier op het papier. Miss Kate moest hem laten gaan, hij wilde naar huis, al wist hij niet waar dat was. Elisabethville was een lege stad, zijn dorp was omgeploegd. De Belgische officier had hem gered, jawel, maar als Miss Kate er niet was geweest was hij allang met een touw om z'n nek gevonden. Wilde ze hem laten gaan? *Please, s'il vous plaît*, Miss Kate.

Kate keek naar de krullen in de donkere nek van Matteous en luisterde naar zijn klacht. Ze hoorde zijn verdriet en zijn heimwee en zijn verwarring. Niemand kon in een week leren schrijven, het kon wel een jaar duren voordat die brief verstuurd werd. De brief die hem zijn leven moest teruggeven. Nu al opgeven was zo snel, wat moest hij toch terug, naar wie of wat, hij kon bij haar komen wonen totdat de oorlog voorbij was. En ze zouden oefenen tot ze erbij neervielen, hij zou het zeker onder de knie krijgen, geen twijfel aan.

Haar hand lag in zijn nek als een belofte. Ook Kate had haar ogen dicht. En zo was het voor allebei even donker aan die tafel.

13

Vaag hoorde ze voetstappen in het trappenhuis, een sleutel in de deur, was het de hare? Matteous was kort daarvoor weggegaan, hij zou de volgende dag terugkomen, had hij haar beloofd. Nog voor ze zich had losgemaakt uit haar halfdroom stond hij in de kamer. Oscar. Ze kon niet bevatten dat hij daar ineens was, schrok, dacht onmiddellijk aan Emma. Ze greep hem vast. Wat was eraan de hand, waarom had hij haar niet gewaarschuwd dat hij naar Londen kwam!

'Alles is goed met Emma. Operatie Barbarossa, Kate, over iets meer dan veertien dagen vallen ze Rusland binnen.' Oscar beet het haar toe. Haar onbegrip groeide per seconde, waar had hij het over, hoe wist hij dat zo precies, wat deed hij eigenlijk hier. Een merkwaardige boosheid overviel haar. Ze zou blij moeten zijn hem te zien, maar zijn onverwachte verschijning werkte averechts. Vooralsnog was hij haar huis binnengevallen, operatie Barkston Gardens.

Ze merkte dat het haar hinderde dat Oscar met een

eigen sleutel zomaar haar kamer binnen was gekomen. Anderhalf jaar woonde ze er nu zonder hem, en zijn komst doorbrak de tovercirkel die ze om zich heen had getrokken, hij banjerde dwars door haar zorgvuldig gesponnen evenwicht.

De balkondeuren stonden open. Oscar rook de vochtige warmte die de radio voorspeld had. De zon was om zes uur in de avond nog behoorlijk warm. Hij leunde, staand op de balkondrempel, tegen een deurpost. Hij had alles verwacht, maar niet dat ze kwaad zou zijn omdat hij haar verrast had. Ze was naar haar slaapkamer gegaan om iets anders aan te trekken, ze had haar ziekenhuiskleren nog aan, zei ze. Het leek hem een uitvlucht, ze probeerde natuurlijk kalm te worden, wilde haar drift niet laten zien.

Wat hij Morton en iedereen verzwegen had, had hij zonder een moment te aarzelen aan haar verteld. Waar hij de afgelopen week dag en nacht mee bezig was geweest, wat hij tot dol wordens toe had doordacht en waarvoor hij iedere oplossing had verworpen, was bij Kate veilig. Zij zou net als hij reageren, zij zou hetzelfde doen, ze zou het accepteren en begrijpen en hem zeggen dat het goed was zo en dat hij moest ophouden met denken.

Kate's gezicht was bleek. Ze keek Oscar niet aan toen ze naast hem op het balkon kwam staan. Hij merkte hoe Kate zich beheerste, zag haar samengetrokken lippen.

'Je moet ermee naar de Engelsen, Oscar, of naar onze regering, of naar mensen die zulke dingen horen te weten. Jij kent ze.'

Ze sprak zonder stemverheffing, zonder omhaal van woorden, volkomen overtuigd dat wat ze zei heel eenvoudig uitvoerbaar was.

'Maar ze zullen Emma ermee in verband brengen. We zijn samen gezien in Genève, het is uitgesloten dat ik het aan iemand vertel. Ik heb vanmorgen de enige Engelsman ontmoet die ik het mogelijkerwijs zou kunnen vertellen omdat ik hem vertrouw. Maar ik heb ontdekt dat hij en al zijn hooggeplaatste vrienden me niet zullen geloven, wat ik ze ook vertel. Een bericht van een Duitser is per definitie gelogen, wordt verworpen als vals, alles uit Berlijn wordt beschouwd als oplichterij. Hun achterdocht tegen alles en iedereen is enorm. Maar ze zullen voor de zekerheid tóch even checken wat ik gehoord heb van Carl, en dat komt ongetwijfeld de Gestapo te weten. En dan zijn ze zo bij Emma.'

Kate knikte. 'Je zegt het en ik denk erover na, maar het lijkt me te ver gezocht van je. Als er een risico voor Emma bestaat, dan is het omdat ze een dochter van jou is, Oscar. Ze verdenken je natuurlijk van van alles, ze laten je niet voor niets volgen. Kunnen ze iets weten over de vluchtelingen die je helpt?'

Kate sprak nooit over zijn werk, net als hij. Maar Oscar had er een keer iets over losgelaten en ze was het er onmiddellijk mee eens geweest. Ondanks zijn geslotenheid kende ze zijn idealen, zijn ooit opgelopen rechtvaardigheidsgevoel. Ze vermoedde dat hij geen ongevaarlijk werk deed, al zou zijn commentaar zijn dat wonen in Londen gevaarlijker was. Echt hoogte van hem krijgen, was haar nooit gelukt en ze had daar misschien ook wel te weinig moeite voor gedaan. Ze stond er zelden meer bij stil. In één huis, een paar landen ertussen, het maakte niet uit, ze schoven niet dichterbij of verder uit elkaar. Zij had bedacht dat zijn broer waarschijnlijk de enige was die Oscar bij zich had toegelaten. Maar die was er niet meer. Vertrokken met de noorderzon, althans hij was geëmigreerd, op de vlucht voor de crisis en de door hem voorspelde oorlog. Ze hoorden sporadisch van hem, en nu alweer jaren niets. Pogingen om hem te bereiken had Oscar ten slotte opgegeven. Het leek wel of hij sindsdien zelf ook verdwenen was.

'Emma is constant in m'n gedachten. Iedere Engelse aanval op Berlijn gaat me door merg en been. Hebben ze over Dahlem gevlogen, was ze toevallig in de stad, vindt ze wel op tijd een schuilkelder, er gaat geen nacht voorbij of ik lig wakker over wat haar kan overkomen. Niemand is meer bezorgd om haar dan ik. Maar ik kan me werkelijk niet voorstellen dat het gevaarlijk voor haar kan zijn wanneer jij naar de Engelsen gaat met wat je weet over die inval. In vredesnaam, Oscar, nu kan het nog, doe iets.'

Ze moest het verkeerd begrepen hebben, hij zou het nog eens uitleggen, precies vertellen hoe het zou gaan als hij alarm sloeg. Hoe gemakkelijk hij als bron zou worden aangewezen, het wereldje van diplomaten en geheime diensten was gebouwd op roddel en achterklap en het welbewust lekken van nieuwtjes. Hij was er zeker van dat vroeg of laat zijn naam zou gaan rondzingen. Russen gingen informeren bij Duitse diplomaten, stelden vragen over een operatie met de codenaam Barbarossa. Nooit van gehoord, hoe kwamen ze daarbij. Via het circuit, *some Dutch Specialist* in Bern. De Gestapo wist er wel raad mee.

De film had zich talloze keren afgespeeld in z'n hoofd en de puzzel waar het bericht vandaan was gekomen, werd door Oscar steeds sneller opgelost. Als een simultaanschaker die de zetten van zijn tegenstanders fluitend voorziet. Zo zou het gaan, zo zou het misgaan. Zijn enige kans was Morton. En die geloofde hem niet, dat wist hij inmiddels. Alles was zinloos.

Haar laatste woorden had ze zacht uitgesproken, het

maakte dat ze bijna dreigend klonken. Pathos op een mooie juniavond, redeloos en ondoordacht. Nog voor hij kon reageren, ging ze verder, even geconcentreerd en zacht sprekend en even pathetisch misschien, maar vlijmscherp tegelijk. Nooit en nergens had hij haar zo horen praten. Hoe weinig had hij haar eigenlijk gezien sinds hun tijd in Berlijn. Een huwelijk op grote afstand was het, letterlijk en figuurlijk. Zonder veel vragen, zonder ruzie, zonder hoog en laag, en niettemin met een onomstotelijke trouw aan elkaar. Het kon stukken slechter.

Ze vertelde over haar tijd in Londen, de Blitz, de aanhoudende dreiging dat alles en iedereen zou omkomen. Maar ze waren tenminste voorbereid. Ze hadden zich ingegraven, de Engelse verdediging was paraat en hoe angstaanjagend het ook allemaal was, ze stonden klaar, niemand werd overvallen. Of Oscar zich realiseerde dat dáár honderdduizenden mensen wél verrast zouden worden. En wat dat betekende. Vrouwen zo oud als Emma, met kinderen, mannen, ouders, ze zouden branden en verpulverd worden. Kate praatte in hoofdletters, tegen haar gewoonte in. Ze betrok voortdurend Emma erbij, was ervan overtuigd dat Emma niet voor niets haar vader in vertrouwen had genomen. Emma had erop gerekend dat Oscar iets zou doen met haar verschrikkelijke nieuws. Zij kon zich toch beschermd weten door het ministerie van Carl en zijn baas? Dat was toch ook zo? Er kon haar niets gebeuren. Hij moest in actie komen, onmiddellijk, nu het nog kon. Dit alles zei ze op een merkwaardig stille toon. Oscar zweeg. Hij onderbrak haar niet, al kostte het hem zichtbaar moeite. Het verlammende gevoel dat hij al deze tijd had gehad, was zo mogelijk nog sterker geworden tijdens haar pleidooi. Want een pleidooi was het, op de rand van een aanklacht. Zoals ze hem af en toe aankeek, en niets zag. Zoals ze hem bij de arm pakte, en niets voelde. Er was geen rechter, maar wel een vonnis.

'We vertrouwen hem niet, Verschuur' – alles uit die koker werd terzijde gelegd, aan Morton was het niet besteed.

Alles in hem verzette zich Kate gelijk te geven. Ze zag het niet goed. Hij kende de Gestapo voldoende om te weten dat die de kleinste aanwijzing opblies tot een misdaad.

Toch bewonderde hij haar om haar diepe afkeer van geweld en haar vermogen mee te lijden met onbekende Russen. Om de moed haar dochter in de waagschaal te stellen. Ze vergat Emma, ze kon niet verdragen dat andere dochters onverwacht de dood zouden vinden. Ze wist niet wat ze zei.

Oscar stond vlak bij haar en voelde de neiging zijn

hand over haar mond te leggen vanuit een tederheid die hij lang niet meer had gevoeld. Hij wilde haar stem onderbreken om de woorden niet langer te hoeven horen. Om Emma te behoeden voor haar moeders overredingskracht. Alles wat ze zei was waar. Kate, je hebt gelijk. Maar toch kan het niet, wat je wilt. Ze zullen me niet geloven, alles zal voor niets zijn. Die operatie gaat gewoon door, maar Emma wordt de dupe, geloof me, ik weet wat ik zeg. Je kan de schoften niet stoppen, Kate, we kunnen de miljoenen niet redden. Je kan niemand redden die zichzelf niet redt.

Toen ze ophield, en nergens heen keek, wachtte ze op zijn antwoord.

14

Het was nog niet donker toen ze Lyon's Restaurant aan Earls Court Road binnengingen. De zon was onder, maar het licht was roze in een donkerblauwe hemel. De zeppelins van de luchtverdediging hingen als feestballonnen aan een ver plafond. Niemand rekende op een aanval van de Luftwaffe, op straat had de zomer de overhand genomen. Verduisterd hoefde er nog niet te worden en uit open ramen klonken stemmen en hier en daar radiomuziek. De schijn van een doordeweekse dag, als vroeger.

Kate en Oscar zeiden niet veel tegen elkaar. Na hun gesprek op het balkon was er stilte ingevallen. Ze waren het grondig oneens gebleven. Kate had gehuild, iets wat ze zelden of nooit deed, en Oscar had na lang zwijgen nog eens herhaald wat hij al gezegd had. Emma stond als een spook in hun midden, haar naam was de speelbal in hun argumentatie.

Geëtst in zijn hersens stond de middag die hem lang had achtervolgd en die nu weer opspeelde. Eind augustus was het geweest dat ze Emma naar Leeuwarden hadden weggebracht. Kate en hij zouden naar Washington worden uitgezonden, voor vier jaar minstens. Emma was twaalf, ze moest naar de middelbare school. De jaren daarvoor was ze nog meegegaan en had ze zich door een paar lagere scholen heen geworsteld. Nu kon dat eenvoudig niet meer. De ouders van Kate hadden onmiddellijk aangeboden hun kleindochter in huis te nemen.

Emma had voornamelijk hém aangekeken. Hij had haar toch zo vaak beloofd dat hij haar overal mee naar toe zou nemen, tot het eind van de wereld?

Verlanglijstje van een kind, sprookje om bestwil van een vader.

Kate had haar zwijgend vastgehouden, haar ouders stonden ergens op de achtergrond, even zwijgend. In zijn eentje had Oscar daar gestaan tegenover dat gericht, had gezegd dat ze over een jaar alweer met verlof zouden komen. Wilde nog van alles uitleggen, opnieuw uitleggen wat niet uit te leggen viel.

Emma had geen moment gehuild, net zomin als ze gezwaaid had toen hij dat in de lange gang van het huis met zijn hoed naar haar deed. Ze was niet eens meegekomen naar de voordeur. Die weigering terug te zwaaien was nog wel het bitterste geweest. Dat lege moment, de niet meer goed te maken afstand.

Het was behoorlijk vol, maar ze konden nog een tafeltje krijgen. Op een oud schoolbord stond met krijt geschreven wat er die avond te eten was. De stad leek op rantsoen gezet.

'We lijken wel belegerd, als je dat bord zo leest.'

Kate streek even over de rug van zijn hand. Heel langzaam keerden ze weer terug in elkaars buurt, oeroude reflexen van een lang leven samen.

'Ja, het lijkt erop dat jij vandaag mag eten en ik morgen.'

Kate lachte zachtjes en keek hem eindelijk aan.

'Misschien valt er dit keer samen nog wat te bestellen?' Weer schoof de vertrouwdheid een paar graden op.

Ze vroeg naar zijn leven in Bern, waar hij zo weinig over schreef, hij vroeg naar het hare, waar ze al helemaal niet over schreef. Zij vertelde over het Richmond en wat ze daar deed als chef subtiele zaken. En over de arts die haar aan Peter Henning herinnerde.

'Peter Henning?'

'Weet je die avond niet meer, in de bar van het Esplanade Hotel, toen hij en ik naar de Olympische Spelen waren geweest?'

'En jij naar hem keek alsof hij je eerste schoolvriendje was – natuurlijk weet ik dat nog. Wat is er van hem geworden eigenlijk?'

Ze wist het niet, was geamuseerd door Oscars opmerking en vroeg zich af of ze niet toch een heel klein beetje verliefd op Peter was geweest.

En ten slotte vertelde ze van Matteous. Hoe ze hem had opgezocht, op haar hoede, twee vooruit, een achteruit, in een processie van voorzichtigheid. Ze beschreef Matteous in kleuren die hij niet bezat. Oscar zag een man die haar zoon had kunnen zijn, de zwarte broer van Emma. Of, vreemder nog, een oergeliefde, die geen leeftijd bezat en nooit bestaan had, behalve in haar gedroomd verleden. Liefde om niets, liefde zonder een enkele eis.

Kate's stem was helder en intens. Oscar luisterde en stelde af en toe een vraag over de jongen.

'Alles wat ik zou willen is een brief schrijven.' Dat had hij gezegd. De innige wens van een vluchteling, van iemand die voor altijd van huis is gegaan om er in zijn nachtmerries terug te komen. Een brief schrijven, Oscar had het zo vaak gedaan dat hij pas later de betekenis van die wens doorzag. Een brief als wapen tegen de zinloosheid, tegen de sloop, tegen het verdwijnen, een brief als een bezwering, als bewijs van een herwonnen leven.

Kate zweeg. De hoge ramen van het restaurant waren inmiddels verduisterd, zuinige kroonluchtertjes beschenen de tafels, twee obers gleden door het decor met wijn op hun bladen. Wijn was volop in voorraad en bepaald niet op rantsoen. Oscar registreerde wat zich aan hem voordeed. Hij moest zich steeds opnieuw realiseren waar hij was, en waarom, en dat de tijd doorliep, recht op de 22ste af.

In vredesnaam, Oscar, nu kan het nog. Een uitroep met het pedaal erop, hij klonk hinderlijk na in zijn oren. De roekeloosheid van Kate's aandringen had hem verbijsterd. Tegelijk had haar verhaal over Matteous hem volledig ontwapend.

'Denk je nog wel eens aan Roy?' Het was een losgeslagen zin, een vraag uit het niets. Stelde Oscar hem? Nooit sprak hij over Roy, nooit sprak Kate over hem, hij was een zinloos ding geworden, een afgezonken lijk, afgekeurd, vermalen, verstopt. Waar in hemelsnaam kwam die vraag vandaan, wie was erover begonnen? Het was tegen al hun spelregels in. Als ze van tafel was weggelopen, of hem meewarig of boos of verdrietig zou hebben aangekeken, iets besteld zou hebben bij een langskomende ober, hem had genegeerd met een tegenvraag – hij zou het volstrekt begrepen hebben. Wat idioot om daarover te beginnen, op dit uur, na zo veel jaar, terwijl het over heel andere dingen moest gaan.

Wat ooit beleefd is, zal weer bestaan, dacht hij.

Maar Kate bleef zitten, niet verward door wat Oscar

gezegd had, haar leven lang was ze een hartslag van die vraag vandaan geweest.

De jaren met Roy, ze waren weg en ieder moment op te roepen, gefilterd, schoon gewassen, vederlicht en van een extreme, onaantastbare tederheid. Wat moest je ermee, welke flinterdunne voeten konden lopen over dat eerste laagje van hun ooit ontworpen geluk. Oscar, je bent te zwaar, mijn bodem kan je niet dragen. Daarom zei ik je niets over die tijd, niet om jou, maar om mij. Ja, ik denk wel eens aan Roy, ik ben nooit opgehouden aan hem te denken. Maar sinds Matteous, wanneer ik 's morgens heel vroeg wakker ben en de wereld nog slaapt, ben ik weer terug, terug in Rome, terug in zijn armen. Dat is geen ontrouw, Oscar, dat is trouw. Het is door Matteous, het heeft te maken met een gevoel dat me heeft overvallen, een bijna dierlijk, overmoedig en oppermachtig gevoel van genegenheid voor iemand anders. Zijn huid en zijn ogen, en de schamele woorden die hij spreekt, hebben me vervoerd. Roy in de gedaante van een zwarte jongen, vreemde magie van een vijftigjarige. Alles keert terug, alleen nooit in dezelfde vorm. Roy is er niet meer, en toch ben ik daar niet gerust op. In de ijle lagen van mijn lichaam moet hij zijn, ik kan hem aanraken in het vroegste uur, of misschien raakt hij mij aan.

Ze aarzelde om wat dan ook te antwoorden. Voor

niets van wat ze in deze paar momenten had gedacht zou ze woorden kunnen vinden.

'Ja, Oscar,' zei ze toen, op een manier alsof ze hem bij voorbaat wilde geruststellen, het soort 'ja' dat bij een belofte hoort, 'waarom vraag je dat?'

Zijn beurt. De start van een reactie die even onbedoeld en onverwacht was als zijn vraag naar Roy. Het verhaal dat hij haar nooit verteld had, maar honderden malen voorzichtig in het klad in zijn gedachten had opgeschreven, brieven aan haar die waren blijven steken in zijn hoofd, zo'n brief als Matteous vermoedelijk nooit zou schrijven. Schrijven is toch de beste camouflage voor een grote verlegenheid. Hij was meer dan verlegen met wat hij nooit aan Kate had gezegd. Eerst had hij haar er niet mee willen lastig vallen, later werd het steeds moeilijker om erover te beginnen. Het was hem gewoonweg niet gelukt. Lafheid, vond hij nu, vermomd als bezorgdheid.

'Ik heb Roy gekend, Kate.'

In één keer door vertelde hij wat hij kon dromen. Hij was misschien de laatste geweest die hem had gesproken, de dag voor zijn fatale treinreis naar Rome. Een paar uur op zijn hotelkamer in Milaan, derde verdieping, kamer 312. Door het open raam hadden galmende stemmen geklonken uit de passage van de Corso Vittorio Emanuele, in de verte scheen de zon op het plein van de Duomo, het was 8 juli 1909, tweeëndertig jaar geleden, gisteren, het was in de tijd dat hij journalist was bij *Het Vaderland*.

Tweeëndertig jaar is lang om iets geheim te houden. Maar niet voor Oscar, de verpakkingsexpert, de koopman in oude, af te schudden, explosieve zaken.

'Bent u helemaal uit Holland gekomen om mij te spreken?'

De verbazing van Roy de Winther was geen moment gespeeld geweest.

'U bent al een tijdje een beroemdheid bij ons, nou ja, bij bepaalde groepen natuurlijk. Wat u publiceert, wordt intensief gelezen. U wordt geciteerd in kranten, uw collega's spreken bewonderend over u. Vooral dat laatste vond mijn hoofdredacteur interessant, collega's die positief zijn over iemand die niet in de buurt is.' Zo ongeveer was hun gesprek begonnen.

Of dat proefschrift waar hij mee bezig was niet ook een vorm van archeologie was, ouwe mannen opgraven en hun verhalen noteren, had de hoofdredacteur enigszins achteloos opgemerkt tegen Oscar. 'Die De Winther schijnt goed te zijn. Er is een conferentie in Milaan waar hij optreedt, wel aardig om hem daar op te zoeken en een stuk voor de krant te maken.' Verdere aansporing was overbodig geweest.

De Winther was zes jaar ouder dan hij. Oscar had

z'n huiswerk gedaan, kende De Winthers publicaties, kende zijn reputatie, zijn enorme reislust, wist dat hij met zijn vrouw overal in Europa woonde en op dat moment in Rome.

'Wat vindt u van Schliemann?'

Dat was met de deur in huis vallen. De controverse rond de man was groot, al was hij al twintig jaar dood.

'Een gewiekste schatgraver, maar met een neus voor interessante plaatsen. Hij was een smokkelaar van zelf opgegraven vondsten, maar met Troje zat hij waarschijnlijk goed.'

De toon was gezet, hier hield Oscar van, en zijn lezers thuis ongetwijfeld ook. Hij zag de kop in de krant al voor zich. In hoog tempo waren ze door de archeologie gegaan. De Winther vertelde beeldend en erudiet, wist alles en was daarbij even geïnteresseerd in het historisch onderzoek waar Oscar mee bezig was, als in de laatste ontwikkelingen rond het Forum Romanum. Ze waren de tijd vergeten, hoewel De Winther van tevoren had aangegeven niet meer dan anderhalf uur te hebben. Hij had zich daarvoor verontschuldigd, maar hield zich er niet aan. Het was bijna acht uur in de avond toen Roy zei dat hij helaas weg moest, naar een diner met de schoffelaars. Hij moest zijn smoking nog bij elkaar zoeken, een taxi bestellen en zijn koffer pakken. De volgende morgen vroeg zou hij teruggaan naar Rome.

Oscar was teruggelopen naar z'n eigen hotel en aan een zelden gebruikt bureau in de lobby had hij grote delen van hun gesprek opgeschreven, hele stukken die hij zich letterlijk kon herinneren. Vriendschap sluit je niet in een paar uur, maar hij had zich vanaf het eerste moment wonderlijk op z'n gemak gevoeld bij Roy. Hun taal was dezelfde, hun belangstelling, journalistiek als vorm van archeologie en andersom. Wat verborgen was, had wat te zeggen. De soldaten van de slag bij Isandlwana waren ruw gewekt uit hun zelfverkozen zwijgen, en de heuvels van het Forum Romanum of waar ook ondergingen gelaten het plunderen van hun schatten. Ze hadden in grote openhartigheid gesproken en waren soms ver van hun onderwerp afgeraakt, hun eigen leven in. Roy over zijn toekomst, Oscar over de zijne.

Hij had gedacht een paar aantekeningen te maken om ze later uit te werken, meer niet. Maar hij was tot na middernacht blijven zitten, de portier had hem thee gebracht en vervolgens port. Dit was geen verslag voor een krant, de helft zou eruit moeten, het was veel te persoonlijk. Hij wilde noteren wat hij nog wist. Zijn eigen gedachten, zijn commentaar op Roys stellingen, diens vlijmscherpe observaties, alles in vlugge zinnen, zonder duidelijk verband. Aantekeningen van een hartstochtelijk vraaggesprek. Oscar had het idee dat hij Roy de Winther had weten vast te leggen.

Hij had Roy beloofd hem het stuk eerst te laten lezen, daarna zou hij het publiceren. Opsturen had niet meer gehoeven. Hij had het in een envelop gedaan en er nooit meer naar gekeken. Zijn hoofdredacteur had hij gemeld dat hij tot zijn grote spijt geen tekst voor hem had, de afspraak met De Winther was geweest om hem in Rome op te zoeken. Daar en toen was begonnen waar hij steeds beter in was geworden: volstrekte geheimhouding.

Toen Oscar ophield, toen zijn verhaal abrupt stopte, de trein moest nog verongelukken, maar wat had het voor zin om dat te vertellen, voelde hij een grote moeheid over zich heen zakken.

Kate was volkomen overrompeld. Ze keek alsof ze zojuist gehoord had dat haar huis was leeggeroofd. In zekere zin was dat ook zo. Toch beheerste ze zich, en streek opnieuw over de rug van zijn hand, die nu een vuist was.

De vragen die gesteld moesten worden, stelde ze niet: waarom heb je dit niet meteen gezegd in de dagen dat we elkaar ontmoetten, waarom nu pas, waarom zo lang gewacht, waarom in een envelop laten zitten wat voor mij zo ontzettend veel betekent?

Oscar pakte de vingers die zijn hand aanraakten. Heel even. Veel intiemer worden lukte hem niet meer. De meeste tafeltjes waren afgeruimd, de obers stonden ongeduldig naar Oscar en Kate te kijken.

15

De nacht in Kate's slaapkamer was een wachten op de morgen. Niet meer gewend bij elkaar te slapen, lagen ze het grootste deel van de tijd met open ogen het donker in te kijken. Af en toe vielen ze in slaap, af en toe fluisterden ze 'slaap je'. Hun bedden dreven als kleine eilanden in een onbekende zee.

Er was zo veel verteld en zo veel verzwegen dat ze uitgeput opstonden, en uitdrukkingsloos aan het ontbijt zaten en hun thee dronken, beiden verzonken in wat ze 's nachts hadden gedacht. De eerste geluiden van Barkston Gardens klonken door de open ramen van het balkon, de zon was er al vroeg.

Ze spraken nauwelijks, ze bereidden zich voor op Oscars vertrek naar Bern. Hij zou Matteous niet zien, die kwam pas laat in de middag. Hij zei hoezeer hem dat speet en dat hij hoopte hem later in het jaar nog eens te ontmoeten.

'Hou hem vast, Kate, die brief van hem moet er komen.' Ze keek hem aan alsof hij toch niet echt begreep waar het om ging. Later in het jaar, zou de wereld dan nog bestaan, zouden hun levens nog passen, zouden Emma en Carl vrij zijn, en de Russen, mijn God, de Russen wat zou er van hen worden.

De ochtend duurde eindeloos, net als de nacht. Om twee uur moest hij weg, zijn vliegtuig ging dit keer gewoon overdag.

Nog eenmaal zei Kate iets over Emma en Barbarossa, nog eenmaal drong zij aan. Hij keek haar aan, alsof zij niet echt begreep waar het om ging. Ze zwaaiden naar elkaar vanaf hun eigen eiland. Hij zwaaide nog eens, al buiten en op weg. Zij stond op haar balkon.

Als een slaapwandelaar klom hij in de bus, in de trein, in het vliegtuig, als een slaapwandelaar kwam hij aan in Lissabon en bereikte hij ten slotte Bern. Een werktuig in niemands handen, zo voelde hij zich. Iedere beweging die hij maakte was automatisch en traag. Hij volgde de mensen voor hem, ging in een rij staan als het moest, liet zich controleren, haalde zijn paspoort tevoorschijn op ieder moment van de dag. Papieren, papieren, waarheen, waarvandaan, hij antwoordde op wat men vroeg tijdens de urenlange, dagenlange tocht naar huis. Naar het onmetelijk lege huis aan de Ensingerstrasse, waar de postbode fluitend langskwam, kinderen op de stoep speelden, soms een auto met een slakkegang passeerde en op geen enkele manier, waar ook maar, iets zichtbaar was van wat in de kranten stond: Kreta gevallen, Afrika toneel van tankslagen, zo veel vliegtuigen neergehaald, zo veel schepen vergaan. Het was een papieren werkelijkheid, het bestond gewoon niet, het was een normale junidag, *Punkt*.

Oscar kwam thuis om drie uur in de middag, het slaperigste, onmogelijkste moment van een dag. De leegte greep hem, vreemd dat iets wat er niet was hem toch niet met rust liet. Alsof alles in zijn huis hem onbekend voorkwam, alsof hij in andermans spullen was binnengestapt, als een dief binnengedrongen in zijn eigen domein, een gebied dat van hem was maar zonder waarde of herinnering. Deuren en ramen waren gesloten, de tafel was niet afgenomen, de bank lag vol oude kranten, de klok stond stil. Hier was iemand overhaast vertrokken, misschien van plan terug te keren, maar zeker was dat allerminst.

Hij bleef in het midden van de kamer staan, zijn koffer nog in z'n hand, omdat niemand hem aannam of zei 'zet hem hier maar neer'.

Wie wil vergeten, blijft een gevangene, wie zich herinnert, voelt zich vrij.

Oscar wilde zich vooral van de herinneringen van de laatste dagen bevrijden.

'Heb je die envelop nog, Oscar?' Kate had naar buiten gekeken toen ze het hem gevraagd had, toch gevraagd natuurlijk, de volgende ochtend aan het ontbijt, twee dagen geleden alweer.

'Bij de stukken voor m'n dissertatie, in een envelop van het Vita Hotel in Milaan.'

Hij had het proefschriftkoffertje overal mee naar toe gezeuld, het stond in een kast van zijn studeerkamer, etiket erop: *Milaan 1909 / Dissertatie 1913*. De inkt was verdroogd, de woorden slordig geschreven en slecht leesbaar. Geopend had hij het koffertje nooit meer, gezien heel vaak. Het stond er als een verwijt, in de hoek van een kast, en van zijn geheugen. Roy de Winther, hoe jong kon je sterven, hoe briljant kon je zijn. Hoe veelbelovend, hoe aantrekkelijk, gelukkig, voortvarend, rijk, avontuurlijk kon je zijn. Eén domme fout van een machinist, één slaperig moment van een seinwachter.

'Leven is dromen, en de dood, denk ik, is 't die ons wakker stoot.'

Oscar stond daar maar, regels en namen doken op in zijn hoofd, verdwenen weer, andere verschenen. Hij zette zijn koffer op de grond, liep naar de bank, pakte de kranten en stookte ze op in de haard. Langzaam arriveerde ook zijn ziel. En Lara. Zij was met hem meegereisd, overal was hij onhoorbaar in gesprek met haar, ijl en zonder vorm. Hij zou haar straks opbellen om te zeggen dat hij weer in Bern was en naar Fribourg kwam. Fribourg, de naam van de stad klonk zo vrij, zo onbetreden en grenzeloos, zo naar haar. Er was geen weg terug meer. Liefde per ongeluk, per noodlot, zonder vluchtplan of toekomst. Het liefst was hij met haar in de sneeuw van het Berner Oberland gebleven, ook toen al, niet veel langer dan drie maanden geleden. Bern – Fribourg was een afstand van niks, waarom pakte hij zijn koffer niet op?

Hij deed het niet. Hij liet de koffer staan waar hij stond en ging languit op de bank liggen. Verschrikkelijk moe was hij, met loodzware benen, zelfs liggen was pijnlijk. De machine kwam tot stilstand, hij viel in slaap, al was het niet voor lang. Een droom maakte hem wakker, iets met zijn moeder. Eerste opwelling was haar op te bellen. Oude gewoonte, zijn moeder was al jaren dood, al vijf jaar. Ze had nog de illusie gehad dat de vrede bewaard zou blijven, het gebroken geweertje had als een crucifix op haar tafel gelegen, naast het portret van zijn vader, die zo vroeg gestorven was dat Oscar nauwelijks tijd had gekregen om fatsoenlijk van hem te houden. Zijn moeder, *a one man woman*, zoals ze zelf zo graag zei, was altijd alleen gebleven, getrouwd met een schim die zijn schaduw onophoudelijk vooruit en achteruit wierp. Hij kende de droom die hem wekte, het was een terugkerend beeld: zijn moeder die haar arm opstak in een poging te zwaaien, een arm als een houten ophaalbrug.

Hij wist waar het vandaan kwam. 'Je moet me vergif brengen, Oscar, ik wil en ik kan niet meer.' Het was geen vraag geweest, maar een eis waarover niet te onderhandelen viel. De agressie van een stokoude en levenslange pacifiste. De woorden leken niet van haarzelf, zoals haar stem uit een andere aardlaag leek te komen, donker, dwingend, bijna afstotend soms. Week in, week uit klonk haar mantra van de zelfgekozen dood. En zijn weigering erop in te gaan. Zijn geliefde, sterke, wanhopige moeder, die vervolgens dreigde het raam uit te springen. De ultieme daad, het verzet van een in het nauw gebracht leven. Ze zou het doen, daarvan was hij overtuigd. In zijn antwoord was hij even volhardend. Ze moest ophouden met eten en drinken, hij zou bij haar blijven, bij haar waken, haar hand in de zijne tot het laatst. Hij kende een dokter die morfine kon geven als de pijn te hevig werd. Uiteindelijk stemde ze toe. Toen de dokter er was met zijn eeuwige slaapmiddel en Oscar haar hand had genomen, zei ze: 'Nu hoef ik niet meer te springen.'

De nachten op een matras naast haar bed zou hij niet meer kwijtraken. Het grommen en kreunen, haar lichaam samengetrokken tot een komma. De nacht op een matras, twee stappen van de dood vandaan, duurt lang. De onmachtige zwaai van een verdwaalde arm, omhoog gestoken naar iets wat voorbij kwam, een maan door de wolken. Zoveel is zeker, alles is onbekend in het uur dat je verdwijnt.

16

'Kate de Winther?' Een Italiaan had beleefd naar boven geroepen. Haar naam klonk naar niets in het Italiaans. Ze zat op haar balkon, Roy zou zo wel komen, dacht ze. Ze boog zich over de stenen balustrade en zag iemand staan in een uniform van de spoorwegen.

'U bent een heel eind van de rails afgeraakt,' had ze opgeruimd teruggeroepen. Hij reageerde eigenaardig, eigenlijk reageerde hij helemaal niet. Hij wenkte haar alleen of ze naar beneden wilde komen. Kate lachte dus zelf maar een beetje en liep met haar blote voeten door het koele trappenhuis naar hem toe. Haar lichtgele jurk was bijna wit in de zon, ze had nog gedacht hoe warm die stationsman het moest hebben. Hij was begonnen iets te zeggen dat ze niet begreep. Ze zou het nooit begrijpen. Hij moest haar hebben opgevangen toen ze viel.

De onverhoeds opgedoken scène had zich een leven geleden talloze malen voor haar ogen afgespeeld. De jaren tot aan Oscar.

Nu stond ze op een ander balkon, haar vaste uitkijkpost aan het begin en einde van de dag. Zo kort geleden had Oscar ineens in haar kamer gestaan, en alles wat tot dan toe vast had gezeten, was losgeraakt. Haar leven met Roy was in alle hevigheid teruggekeerd. Vergeten is de vijand van het geluk. Een agendawijsheid die ze ooit ergens had gelezen, en verworpen. Je kon dat net zo goed omdraaien, vond zij: geluk is het vermogen om te vergeten, en dat was haar antwoord geweest. Een mislukt antwoord. Uitgesteld verdriet, of liever het smelten van wat bevroren was, een exquis soort herinnering, het hield nu al dagen aan. Ze stelde zich niet langer te weer. Kate de Winther was ze, haar oude naam waarmee ze zo diep vertrouwd was, waar geen naam tegenop kon, zelfs niet haar meisjesnaam.

Wat zou Roy hebben gedaan als hij het geheim van Barbarossa had gekend – ze vroeg het zich voortdurend af, kon aan niets anders meer denken. Tot ze het eindelijk wist. Ze zou naar de bazen van Oscar gaan, naar de minister van Buitenlandse Zaken, of desnoods naar de koningin, ze moest en zou het vertellen, wat Oscar ook bedacht had. Er moest gewaarschuwd worden. Waarom had ze zo lang gewacht en geaarzeld, ze konden niet blijven zwijgen, Oscar, het bestond gewoon niet. Die onschuldige mensen aan de grens, ze zouden allemaal omkomen. Het was 19 juni, het kon nog.

Over de stoep van Barkston Gardens zag Kate Matteous aan komen lopen met de aarzeling van een voortvluchtige. Ze kon zien wat ze vreesde. Het was de pas van iemand die ieder moment kon omkeren, terug naar huis, althans weg van daar.

'Matteous!' Ze zwaaide. Matteous keek omhoog, zelfs op die afstand viel haar het wit van zijn ogen op. Zijn zwarte uniformjasje stond hem mooi.

'Ik doe de deur open.'

Toen hij zonder zijn tas met schrijfwerk binnenkwam, begreep ze het definitief, ze had het eigenlijk op het balkon al geweten. Hij kwam zeggen dat hij wegging.

In de paar ogenblikken dat hij in haar kamer stond, niet wetend hoe te beginnen en waar zijn handen te houden, besefte ze hoezeer ze van hem was gaan houden, met een ander soort liefde dan voor wie ook. Niet van het bezitterige soort, niet vermengd met jaloezie of met onvrede of onvoldaanheid of zelfmedelijden. Matteous had haar volkomen ontmanteld, ze voelde zich blootgelegd als de vondst van een archeoloog. Wie het begreep mocht het zeggen.

Ze wilde hem vertellen van operatie Barbarossa, ze moest er met hem over praten nu het nog kon. Of hij ook vond dat ze naar het ministerie moest gaan, ook al beweerde haar man dat Emma in gevaar zou komen.

Dat was trouwens maar een idee, hij had dat in z'n hoofd gehaald, wie zou Emma nou verdenken. Toch, Matteous, je bent het toch met me eens?

Maar ze vergat het te vragen, ze vergat alles, ze hoorde maar één ding.

'Ik kan niet leven in deze stad, Miss Kate. Ik heb het voor u geprobeerd, maar het gaat niet.'

Ze zag dat er een knoop loshing aan zijn jasje, een donker uitgeslagen koperen knoop, zo een die in de knopendoos van haar moeder te vinden was.

Niet gaan huilen nu. Heel even pakte Kate de rugleuning van een stoel vast. Evenwicht herstellen, vragen of hij thee wil of koffie. Koffie natuurlijk, Afrikanen drinken graag koffie, zwart met veel suiker, had hij verteld. Kom zitten, Matteous, aan de tafel waar we altijd zitten, tegenover elkaar, papier en inkt in de buurt, een boek, een schrift, twee pennen. Museumstukken uit het verleden.

'Kom je even zitten?'

Hij nam de stoel alsof hij zijn doodvonnis ging tekenen, zat rechtop, bewegingloos en stil.

Meeuwen cirkelden boven het parkje, hun kreten weerkaatsten in de kamer.

In Rome hadden de balkondeuren bijna altijd opengestaan. Roy had vaak op het balkon zitten schrijven en lezen, hij liet het rumoer van de Corso rustig over zich heen komen, het geroep van de Italianen hinderde hem niet in het minst.

'Morgen ga ik naar Milaan voor die conferentie over het Forum. Ga je daarna mee naar Capri, we zijn er al zo lang niet geweest, in Marina Piccola is geen mens nu. Ik heb even genoeg van al dat borstelen en poetsen. Zullen we een paar kinderen krijgen?'

Lachend gezegd, een luchtballon. Kate had haar jurk boven haar knie opgetrokken, was op zijn schoot gaan zitten en had quasi-ernstig gevraagd: 'Krijg je daar geen spataderen van, van kinderen?'

Matteous en Roy, de droom van de terugkeer, de terugkeer van de droom.

Ze vroeg Matteous wanneer hij zou gaan en hoe. Hij wist het niet. Hij wist alleen dat hij voor de bus zou springen als hij moest blijven. Ze zou niet proberen hem om te praten, zoals ze eerder had gedaan. Ze hoorde zijn verdrietige onverzettelijkheid en zijn zorg om haar.

Hoe ze met elkaar in contact konden blijven, vroeg hij, en hij zei nog een keer dat hij zonder haar niet meer geleefd zou hebben. Misschien wilde ze ooit naar Afrika komen? Tussen heimwee en heimwee, nu al. Soldaat zou hij niet meer worden, mijnwerker ook niet. Hij trok naar een rubberplantage, misschien. Werken in het bos, weg van de kazerne en de mijnschacht, rubber wilde hij gaan tappen.

Kate voelde de ruwe mouw van het uniformjasje langs haar wang, deed haar ogen open, lag in de armen van de spoorwegman die haar voorzichtig neerlegde. Van alle kanten liepen mensen op hen toe. Geroep om een dokter, *dottore, dottore!*, een buurvrouw kwam met water en een doek. Het ontredderde gezicht van de Italiaan, de aanzegger van het kwaad tegen wil en dank, een brave huisvader die zijn plicht deed en dood en verderf zaaide. De koperen knopen aan zijn uniform bleven haar bij, een foto uit het ongeluksdossier, symbolen van komend verlies.

Ze keek naar Matteous, die zag hoe bleek haar gezicht was geworden.

'Zal ik u water brengen?' Kate schudde nee, niets wilde ze, alleen maar zijn en zitten en kijken en wachten tot het voorbijging wat al dagen aanhield: de uren met Roy, het ontzaglijke leven met hem, dat ze begraven en verdrongen had en dat in de donkere gedaante van Matteous weer begon.

Marina Piccola in mei, waar je heen wandelde langs de net aangelegde Via Krupp, een wonderweg die uitgehouwen was uit de bergwand en in wijde lussen van de rotsen leek af te vallen. De Faraglioni staken hoog de zee uit, drie zwarte brokken steen, waar meeuwen omheen vlogen. Roy en zij waren er tussendoor gevaren. 'Kate-ate-ate.' Roy schreeuwde naar boven en overstemde de meeuwen. Een paar maal, telkens harder, telkens kwam het geluid terug.

Capri in het vroege voorjaar, wanneer er nog weinig toeristen waren. Roy leidde opgravingen, en zij liep het eiland rond, of voer met een bootje de azuren grotten binnen. Als Roy een stok in de grond stak, was hij in de oudheid. Ze waren er weken aan een stuk geweest, Kate kende het eiland nog beter dan Roy, van de Villa Jovis van Tiberius tot de Monte Barbarossa.

Ze vertelde Matteous van haar ontreddering over de komende inval. Ze verzweeg niets, noemde alle bezwaren van Oscar en beschreef diens angst om Emma. Ze vertelde van haar eigen aarzelingen en dat ze die overwonnen had en dat ze had besloten naar het ministerie te gaan, het was nog niet te laat.

Matteous schudde zijn hoofd. 'Doe het niet, Miss Kate, niet doen.'

Ze was er zeker van geweest dat hij haar gelijk zou geven. Hij kende de oorlog, hij zou zeggen dat ze moest gaan, met haar meegaan zelfs. Maar hij zei: 'U moet aan uw dochter denken, Miss.'

Misschien had ze te snel gesproken, hij begreep het niet, ze zou het hem nog een keer uitleggen, net zolang tot hij ja zou zeggen. Maar opnieuw zei hij nee. Nee,

nee, ze mocht niet daarheen, niet Emma verraden. Ze zouden erachter komen, en aan de oorlog was niets te veranderen, die walste over de aarde, niet te stoppen, niet aan te ontkomen, er was geen grens aan. Matteous zei het anders, gebrekkiger, maar zo verstond ze het. Hij had de oorlog gezien en niet kunnen ontvluchten, niemand kon dat.

Ze wist zich van de begrafenis niets meer te herinneren, helemaal niets, op één ding na. Tussen de honderden aanwezigen op het Cimitero degli Inglesi in Rome had haar vader gestaan. Hij hield de hand vast van een jong meisje met een zwart hoedje op. Wie het was, een nichtje, zomaar een kind van iemand, ze wist het niet. Toch leek het meer of dat meisje hem vasthield dan andersom. Terwijl de kist zakte, zag ze zichzelf staan, haar ogen gericht op haar verstomde vader en het meisje met hoed. Niets was gebleven van die dag dan dat ene fragment.

'Matteous, al die mensen worden doodgeschoten en verbrand en aan stukken gereten, ze verpletteren wat ze tegenkomen met hun tanks. Ze hebben het overal gedaan, ze gaan het weer doen. We moeten al die onwetende mensen daar waarschuwen.'

Matteous keek van haar weg, hij luisterde niet meer, hield een hand op zijn hart. Even was ze bang dat hij zou vertrekken zonder iets te zeggen. Maar hij legde de hand van zijn hart op haar arm, raakte haar pols, en gaf haar iets dat op een dichtgevouwen briefje leek.

Het werd langzaam donker, de lantaarns van Barkston Gardens bleven uit. Ze moest verduisteren, ze moest opstaan, de balkondeuren dichtdoen en de ramen. Het was alsof ze ziek werd. Haar hoofd gloeide, er trok koorts in haar op, haar voeten waren steenkoud. Ze moest verduisteren.

17

De trein naar Fribourg vertrok exact op tijd. Oscar ergerde zich vaak aan die constante strijd om precisie. Zwitsers waren maniakken, horlogemakers, de uitvinders van rust en regelmaat. Het kon hem toevallig deze dag niet schelen, hij had de tijd het liefst afgeschaft, alle klokken opgeborgen, kalenders weg, afspraken opgeschort, data ingeleverd. Het was donderdag 19 juni, de trein verliet om 9:32 uur het station van Bern, aankomst in Fribourg om 10:17 uur. Om 10:28 kon hij bij Lara zijn.

Oscar had haar gevraagd hem niet af te halen. Hij zou zelf naar haar huis komen, want hij wilde niet gevolgd worden. Meestal merkte hij in de Ensingerstrasse al of zo'n treurige man dienst had. Dit keer kennelijk niet, de willekeur of ze iemand achter hem aan stuurden, was groot. Waarschijnlijk was er vandaag niemand beschikbaar.

In zijn coupé zaten alweer slapende soldaten. In Portugal, of Engeland of Zwitserland of waar hij ook kwam, overal hingen soldaten in alle mogelijke hoeken en gaten in vervelde poses, of diep in slaap. Oorlog maakte moe.

Fribourg, hij was er zo vaak langs gereden zonder zich af te vragen wie er in dat middeleeuwse speelgoedstadje woonde. Nu was hij er in korte tijd al een paar keer geweest. Midden in het centrum, dicht bij de muur, die als een strik om de oude straten getrokken was, woonde Lara. Zijn wens dat de tijd werd afgeschaft, leek er vervuld, bijna nergens in Europa waren de middeleeuwen nog zo tastbaar.

Het zachte bonken van de trein over de dwarsliggers was de melodie van een naderende ontmoeting. Hij kon niet wachten haar te zien en aan te raken, het haar uit haar ogen weg te strijken, haar hand over de zijne te leggen. En toch, voor het eerst, zag hij er ook tegenop. Een onbestemd voorgevoel, toenemende benauwdheid. Ze zou hem vragen waarom hij zo halsoverkop naar Londen had gemoeten, hij zou haar niet meer kunnen misleiden. En hij wilde dat ook niet.

Het station, de hal, de straten steil omhoog de oude stad in, het was een kwestie van tien minuten. Alsof hij aan een strak touw liep. Verlangen hield hem gaande.

'Oscar!'

Ze stond voor het open raam op de eerste etage, zon op haar gezicht, ze lachte.

Weer was er de betovering en tegelijk de vreemde verlatenheid die zij in hem opriep. Lara deed de deur open, iets hijgend van de snelheid waarmee ze de trap was afgelopen.

'De gems van Fribourg, oe, je was snel beneden, Lara.'

Hij nam met twee handen haar hand en legde zijn wang ertegen, zijn voorzichtige begroeting, alsof hij boog voor iets onbegrijpelijks en breekbaars. Lara legde even omzichtig haar vrije hand in zijn nek. In de seconde dat ze daar zo stonden, was alles in dromend evenwicht. Hun levens tikten elkaar aan in een gebaar van trage verwachting. De toenadering van wie niet weten waarheen ze gaan, en wat ze doen en hoe het verder moet.

Ze nam hem mee de trap op, haar kamer in, in haar armen en het zonlicht, het raam nog open, hij hoorde de zorgeloze geluiden van de straat en hoe ze verdwenen, alleen haar armen en haar mond en hun overgave, alleen dat nog.

Toen hij weer opstond van het bed, zag Oscar zichzelf, hij zag hoe hij stilstond, naar buiten keek, onwillekeurig op zoek naar een man die hem misschien in de gaten hield. Het was een gevoel van verdubbeling, alsof zijn ziel verhuisde, alsof hij die al in veiligheid bracht voor wat er ging gebeuren. Een donderdagochtend in Zwitserland, op een zonovergoten uur vol onschuld en vrede, ogenschijnlijk was er niets om je druk over te maken. De rivier stroomde, de wolken zeilden voorbij, hoe laat was het eigenlijk, en welke dag.

'Waarom moest je zo plotseling naar Londen?'

Genève, Lausanne, Bern, Lissabon, Londen, Fribourg, de reis van één woord, van één seconde van openhartigheid, een storm van angst en verzwijgen. Zo in het nauw gedreven was hij nog nooit. Hij had het vermogen te goochelen met de waarheid, vermomd te zijn of ontmaskerd, vrij en voortvluchtig, de speler te zijn in zijn zelf ontworpen casino, maar nu droeg Oscar Verschuur al wekenlang een geheim dat veel te groot voor hem was, maar dat hij desondanks voor zichzelf wenste te houden. Hij wist dat over drie dagen honderdduizenden in de pan gehakt zouden gaan worden nog voor het aanbreken van de dag, en hij wist ook dat deze informatie waardeloos was en niet geloofd zou worden. Het wantrouwen van iedereen jegens iedereen, waarin Emma een zinloos offer zou worden als hij zo gek was om toch iets te zeggen.

Lara had haar twee handen zacht om zijn pols gelegd, het intieme verzoek om antwoord, het echte.

'Operatie Barbarossa, ze gaan op 22 juni Rusland binnenvallen, over drie dagen. Emma heeft het me verteld, toen in Genève, ze wist het van Carl.'

'Dus dat heb je ze daar in Londen gemeld, wat een geluk dat ze nu tenminste een beetje voorbereid zijn.' Nuchter klonk het, niet eens naïef.

Nee, Lara, hij had ervan afgezien, op het laatste moment had hij besloten te zwijgen. Om allerlei redenen zouden ze hem niet geloven, het bericht kwam uit een Duitse koker en was corrupt. De exacte datum had geen betekenis, die aanval kwam toch, wanneer dan ook. Zijn verhaal. De groef waarin hij schoot zodra Emma in zicht kwam. Alles week voor de onverdraaglijke mogelijkheid dat Emma opgepakt kon worden wegens verraad. Oscar hoorde zijn eigen stem zijn eigen verhaal herhalen, zijn eindeloos voor zichzelf herhaalde argumenten en conclusies.

Lara's stilte was verontrustend. Ze had zijn arm losgelaten, deed haar handen in de zakken van een lange kamerjas die ze had aangedaan. Wie zo zijn handen verbergt, verbergt zijn innerlijk. Ze wilde dat hij ophield met praten, ze wilde dat ze het niet goed gehoord had. Met grote snelheid dreef ze van hem vandaan, de kamer uit, weg uit haar huis, terug de sneeuw in, toen er nog alleen het dorp was, een adembenemend uitzicht, geen toekomst, geen verleden, geen tijd. Weg van hem die daar redeneerde en uitvlucht op uitvlucht stapelde, een wijkplaats zocht voor de angst om zijn dochter. Wie kent de ander wanneer die bang is. Niemand zal weten wat ik weet, Lara, niemand voorziet wat ik voorzie: mijn dochter bij de Gestapo.

Lara's schouders gaven het beste commentaar. Hoe ze zich afwendde, tussen moedeloosheid en afkeer en bezorgdheid en berusting. Ze wist dat praten niet zou helpen, hij kende alle zetten en tegenzetten, hij had vooruit geschaakt, was van zijn standpunt niet meer af te brengen, zelfs niet door haar. Of toch?

'Herinner je je het Noorse huis op de helling van de Hunnenfluh?'

Stem uit het licht, een engel uit het Berner Oberland. Lara's vraag was meer een opmerking. Wat was daarmee, met dat huis, waarom noemde ze het? Ze hadden erover gesproken, ze kenden het allebei, het was een droomhuis, een onbereikbaar Vikingenideaal, met kleine draken aan het eind van iedere goot, en kleurige symbolen langs torentjes en balkons, een kunstwerk voor de enkele bergwandelaar die nieuwsgierig toekeek hoe daar mensen door de kamers bewogen, hoe daar gewoond werd door feeën en elfen. Daar samen te leven, Lara, door niemand gezien en gestoord; één keer had hij zoiets tegen haar gezegd.

'Ik had er zo graag met je naar toe willen gaan, iedere winter van ons leven.'

Hij begreep wat ze zei: ik had zo graag. Ze was niet woedend, ze schreeuwde niet, viel hem niet aan, wilde niet discussiëren. Ze was pijnlijk stil, of beter gezegd sprakeloos. Hij zag hoe hun Noorse huis de heuvel afgleed. In hoog tempo begon de terugtocht van een liefde die nauwelijks op weg was gegaan.

18

Emma belde voor de tweede keer aan bij het huis van Wapenaar. In haar ongeduld had ze haar fiets maar op de grond gelegd, er was hier geen muur of er stonden rozen tegenop. Het wiel draaide nog toen Wapenaar de deur opendeed. Ze herkende hem meteen, en hij haar ook. Wat een genoegen om nu eindelijk eens de dochter van zijn goede vriend Verschuur te kunnen spreken. Kon hij iets doen? Maar kom toch binnen. Hij ging eerst eens een kopje koffie halen.

De stilte in het huis was opvallend. Waar was zijn vrouw? De kamer waar hij haar had binnengelaten was een uitbarsting van gezelligheid, op de tafels lagen kleden, er stond een piano, overal hingen aquarellen en foto's van onbekende mannen en vrouwen in negentiende-eeuwse poses. Schemerlampen met kappen van zachtkleurige stof, vazen met bloemen, een open haard met het hout er keurig omheen gestapeld, ze zag het allemaal, maar ook niet. Ze had haast. Ze vreesde dat ze te laat was.

De dagen waren voorbijgegaan in zuigend wachten en twijfelen. Carl had ze niets laten merken. Hij sprak er zelf ook niet over. Vreemd om te zwijgen over datgene waar je dag en nacht van vervuld bent. Carl Bielenberg, tijdelijk werkzaam bij een afdeling die radio-uitzendingen voorbereidde van Radio Free India. Vrijheidsstrijders in klederdracht die vanuit Berlijn het Engelse gezag in India wilden ondermijnen. Hun leider was een bijna zwarte Indiase man die de hand van Ribbentrop drukte tijdens een vrolijke persbijeenkomst, hij was goedgemutst en in blakende conditie. Met de microfoon in de hand op de Engelse onderdrukkers af. Carl was erbij geweest en had het aangezien, gefascineerd door de gekte, maar vooral bedroefd over de banale oplichterij van alles en iedereen. Achter zo veel deuren op zijn departement werd vergaderd over de komende massamoord, en hoe die internationaal te verkopen viel. In de schaduw van een andere landkaart van Europa verborg zich de nieuwe morgen van een eeuwig rijk. India, Afrika, Rusland, lang kon het niet meer duren.

Zolang Trott bleef, bleef hij ook, had hij zich voorgenomen, al kostte het hem iedere dag meer moeite. De hypocrisie had zulke vormen aangenomen dat hij af en toe Trotts werkkamer binnenstapte om een pantomime op te voeren. Met een reeks bijtende gebaren imiteerde hij de alledaagse waanzin en maakte hij korte metten met de top van het regime. Trott moest er hard om lachen, en antwoordde met een aantal doventekens, bedacht als hij was op verborgen microfoons in lamp of plafond. Het was verzet op de vierkante millimeter, een luchtschermutseling. Maar het gaf wat adem.

In alle vroegte luidden die donderdagochtend, zoals iedere donderdag, de klokken van de Annenkirche. Oefeningen van een klokkenist, die psalmen speelde in een trage, doordringende cadans. Emma luisterde vaak naar de onaffe klanken die haar zo sterk aan Leeuwarden deden denken.

Ze had de zon in haar tuin zien komen, haar buurman gegroet, die een hand boven de heg had uitgestoken, ze had het kalenderblad op het bureau van Carl omgeklapt: 19 juni, nog drie dagen. Toen had ze resoluut haar fiets gepakt, wakker geworden. Carl was allang vertrokken. Ze zou het Wapenaar vertellen, ze verdroeg de wetenschap niet meer. Ze was steeds meer gaan twijfelen of haar vader wel iets had gedaan met haar bericht, hij zou haar dat toch wel via via hebben laten weten. Nee, er was iets gebeurd waardoor hij over de operatie gezwegen had. Zou het te maken hebben met die vriendin van hem? Emma's weerzin tegen haar vaders ontrouw was nauwelijks afgenomen. En het had een oude zaak heropend. Het onverwachte afscheid van haar ouders en hoe ze was achtergelaten bij haar grootouders. Haar vader had haar altijd beloofd dat ze mee zou mogen, naar welk land dan ook. Het bleek niet waar, hij had zijn belofte niet gehouden, een kwetsuur die slecht over was gegaan. Ze was een kind van diplomaten, nergens thuis. Ze had het deze dagen opnieuw gevoeld.

Maar Wapenaar zou alarm slaan, daar was ze zeker van. Via Zweden zouden telegrammen uitgaan naar alle kanten, de Russen zouden gewaarschuwd worden, het kon nog net, het moest. De race tegen de klok groeide levensgroot in haar, een monster van onverschillige snelheid waar niemand tegenop kon. Ze fietste met ingehouden woede en angst, haar benen en voeten in een constante krachtige beweging. Emma legde de afstand twee maal sneller af dan de eerste keer dat ze naar hem toe ging. De lanen waar ze een week eerder nog zo in verwarring doorheen was gegaan, schoten onder haar voorbij. Ze zag ze niet, ze passeerde de herkenningspunten, wist precies waar links, waar rechts, stopte geen moment, dook het terrein van Wapenaar op, met kloppend hart, maar nauwelijks hijgend.

Hij zette de koffie voor haar neer, en keek haar rustig aan.

'Emma Verschuur, nee, ik moet zeggen mevrouw Bielenberg, hoe is het met u. En met uw man? Nog altijd bij Buitenlandse Zaken?'

Ze knikte, viel met de deur in huis, vertelde van de operatie, de datum, de betrouwbaarheid van de bron: Carl.

Ze luisterde naar geluiden in het huis die er niet waren. Geen voetstappen, geen gekraak van vloeren, geen deur die open of dichtging, achter de vensters dansten muggen. Buiten sloeg de buurhond aan.

Wapenaar zat tegenover haar. Gedaagde en rechter, ze wachtte op het vonnis. Carl, Watse, Trott, haar vader en moeder, ze zaten allemaal om haar heen en wachtten. Toen kwamen zijn vragen, het vriendelijkste verhoor denkbaar. Eindelijk actie, eindelijk iemand die wat deed. Maar het vonnis kwam niet, Wapenaar bedankte haar, deed haar uitgeleide, stak z'n hand op toen ze wegfietste, keek haar na.

De terugtocht door Grunewald naar Dahlem was het ergste. Emma rilde alsof ze koorts had. Zo er al een vonnis was uitgesproken, dan toch door haarzelf. Langs alle linies van diplomaten en politici zou het alarm worden gehoord, versleutelde boodschappen zouden op de bureaus van ambassadeurs worden gelegd, codewoord Barbarossa, 22 juni. In Moskou, Berlijn, in Bern, in Londen, Washington en Ankara, wie wist hiervan, was het waar, ging het beginnen of toch niet, een niet ontplofte bom, een vliegersbericht hoog in de lucht, het uur U in zicht, of toch niet. De Zweden hadden het ergens opgepikt, nee, de Zwitsers, het kwam uit Berlijn, uit betrouwbare bron. Wie beweerde dat, laat hij zich melden, we weten van niks, is het een valstrik, een dolk in de rug, een wanhoopsdaad?

Hoe het de Albrechtstrasse zou bereiken, hoe snel de schoften haar naam zouden noemen, en die van Carl, een week, twee weken, een maand misschien?

Een auto op hoge snelheid door de laantjes van Dahlem, ze wist maar al te goed hoe haarscherp ze de bochten namen en met welk lawaai. Hun arm nonchalant op de rand van het portier, hun glimmende jassen met brede riem. De sirene zou niet worden afgezet wanneer ze met hun arrestantenwagen het hek zouden blokkeren. Met een dreun op de voordeur zou het geweld hun leven binnenkomen, om niet meer te verdwijnen.

Emma fietste naar huis in een wolk van suggestie en fantasieën, en bittere visioenen.

19

Wil je de radio aanzetten, Matteous?

Hoe laat het was, wist ze niet, ochtend, avond, het moest avond zijn, dacht ze. Kate lag al drie dagen met hoge koorts in bed. Matteous zorgde voor haar zo goed en zo kwaad als het ging, haalde water, hij legde een natte doek op haar voorhoofd, stond bij de slaapkamerdeur als een soldaat op wacht. De omgekeerde wereld, zij in bed, hij ernaast. Kate praatte in haar koortsslaap, het klonk als ijlen. Matteous luisterde naar de losgebroken nachtwoorden, en wachtte. Als ze wakker was, wilde ze opstaan, maar dat lukte niet. Ze had geen enkele macht meer over haar armen en benen. Ze was nu het kind van Matteous, die haar bewaakte en wiegde. Weg was haar wil en haar moed, het lichaam kende zijn eigen wetten. Er was geen sprake van dat ze nog naar een minister kon gaan, of naar de koningin.

De stem van Churchill zweefde door de kamer. In Kate's hoofd klonk alles twee keer zo ver weg, maar de betekenis was ondubbelzinnig. Ze wist wat hij aankondigde, ze wist het al twee weken. Maar zo had ze het nooit gehoord, en zo had ze de omvang nooit beseft, als in de afgebeten, half gemompelde, half gezongen zinnen van de Engelse premier. Hij zei wat ze in haar verbetenheid Oscar had toegeroepen: ze werden weggevaagd, al die moeders en kinderen en die mannen in hun armzalige uitrusting, ze moesten vechten met blote handen tegen een walgelijke oorlogsmachine, het was een perfide slachting daar, van volkomen verbijsterde mensen.

Van de Witte Zee tot de Zwarte Zee waren de Duitse legers samengetrokken en vielen de pantserdivisies Rusland binnen. Het regende bommen op Russische steden en dorpen, de nazi's waren op weg naar hun olievelden, hun oogsten werden vernietigd.

Churchills woorden hamerden in haar hoofd. Hij voorspelde dat na Rusland China en India aan de beurt waren, de levens en het geluk van duizend miljoen mensen, *a thousand million...* En toen hoorde Kate hem zeggen: *Ik heb hem gewaarschuwd, I gave clear and precise warnings to Stalin of what was coming.* Kate wierp een blik op Matteous, die onbewogen de stem aanhoorde.

Ik heb hem gewaarschuwd, Oscar had de Engelsen toch bereikt. Goddank, hij had naar haar geluisterd, ze glimlachte nog even en viel weer in slaap.

Onverwacht was ze verschrikkelijk ziek geworden,

het leek wel een laatste poging om Matteous nog even bij zich te houden. Een alibi om hem te vragen zijn plan uit te stellen, te blijven tot ze beter was. En natuurlijk zou hij dat, tot nader order. Order vanuit de binnenlanden van Afrika, vanuit een onbekende rubberplantage, de roep van niemand in het bijzonder, maar door Matteous gehoord en begrepen.

Op het briefje dat hij haar had gegeven, stond in hiëroglyfen zijn programma. De woorden waren op gevoel gevormd en in vreemde strepen op papier gezet. Kate had het ternauwernood kunnen ontcijferen, Engelse en Franse klanken verstopt in een schrift dat op prikkeldraad leek. Hij moest er dagen aan gewerkt hebben. Zijn afscheidsbrief. Haar niet te ontwijken verdriet mengde zich met de snel om zich heen grijpende koorts. Toen ze het aannam rilde haar lijf al, haar hand beefde.

Hij had gezegd dat hij op haar zou passen zolang ze ziek was. En dan zou hij gaan.

De zomer had magnifiek ingezet zondag de tweeëntwintigste. Emma stond in de tuin, haar appèlplaats, het was acht uur 's morgens, nergens geluid, alleen van vogels. Carl sliep. Hij was pas om zes uur thuisgekomen, het ministerie was de hele nacht aan het werk geweest. Emma had stil naar hem geluisterd toen hij vertelde van het uur van de overval, een sabelstoot diep in de flanken van Rusland. 3,8 miljoen man waren de grens overgegaan, 150 divisies, Duitsers, Roemenen en Finnen, 2000 vliegtuigen, 600.000 motorvoertuigen, meer dan 600.000 paarden, 7100 stukken artillerie, 3350 tanks, over een lengte van 2900 kilometer, en dit alles stipt om 3:15 uur. Hij had het opgelezen van een stuk papier.

'De schoften.'

Ze dacht nergens aan, ze stond daar maar. Er ontploften geen bommen om haar heen, van geweervuur was geen sprake. Tanks en mitrailleurs werden niet gehoord, granaten niet geworpen. Waar was iedereen? Toen klonken de kerkklokken, de beiaardier was gekomen om het dorp op te roepen, net als iedere zondag, weer of geen weer, oorlog of niet. Emma wachtte op het geronk van een auto die zou moeten verschijnen. Je kon maar beter voorbereid zijn.

Maar er gebeurde niets, de zon scheen als nooit tevoren.

Oscar keek op zijn horloge, zoals hij de hele nacht al had gedaan. Uur na uur, totdat er vaag licht zichtbaar werd en hij naar buiten kon gaan. Zes uur in de ochtend, nog geen mens op straat, de Ensingerstrasse was een lege streep, en om de hoek was er opnieuw leegte om hem heen. Thuis had de Duitse zender het lang gevreesde en ontdoken bericht omgeroepen. Goebbels had namens de Idioot het finale vonnis geveld: *Deutsches Volk, Nationalsozialisten, Von schweren Sorgen bedrückt, zu monatelangem Schweigen verurteilt, ist nun die Stunde gekommen, in der Ich endlich sprechen kann...*

Hij had naar de radio zitten staren, en vervolgens de BBC aangezet, waar ze beweerden dat zij Stalin en de Russen al veel eerder hadden gewaarschuwd. Hij geloofde het niet. Ze hadden niets en niemand gewaarschuwd, ze zouden wel uitkijken. Niets was beter dan een oorlog op twee fronten, het was een groot voordeel voor de Engelsen dat Rusland nu meedeed, geheid dat Churchill dat toejuichte. Hij vroeg zich af wanneer de *prime minister* op de radio zou komen. Zou Morton bij hem zijn?

Lara had hij niet meer gesproken, maar ze was in iedere beweging van zijn lichaam. Terug uit Fribourg had hij zelfs nog even tegenover het huis van zijn Zweedse collega Henderson gestaan. Als hij nu zou aanbellen, kon er nog gewaarschuwd worden, en wie weet een heel klein spaakje in het wiel van de *Wehrmacht* gestoken. Hij had het niet gedaan.

Oscar liep richtingloos verder, van het radiobericht vandaan. De eerste vroege wandelaars met bergschoenen en rugzak passeerden hem.

Colofon

Bericht uit Berlijn van Otto de Kat werd in opdracht van Uitgeverij Van Oorschot te Amsterdam, gezet uit de Bembo door Perfect Service te Schoonhoven, gedrukt en garenloos gebrocheerd door Ten Brink te Meppel. Het omslagontwerp werd vervaardigd door Christoph Noordzij.

Van Otto de Kat is verder verkrijgbaar:

Man in de verte
De inscheper
Julia